Room Cleaning

客房清洁

主编　罗燕萍

暨南大學出版社
JINAN UNIVERSITY PRESS

中国·广州

图书在版编目（CIP）数据

客房清洁/罗燕萍主编．—广州：暨南大学出版社，2014.5（2019.8 重印）
（酒店服务与管理专业基于工作过程系统化系列教材）
ISBN 978-7-5668-0962-9

Ⅰ.①客… Ⅱ.①罗… Ⅲ.①客房—清洁卫生—商业服务—技术培训—教材 Ⅳ.①F719.2

中国版本图书馆 CIP 数据核字(2014)第 054617 号

客房清洁
KEFANG QINGJIE
主　编：罗燕萍

出 版 人：徐义雄
责任编辑：曾鑫华　叶康为
责任校对：卢凯婷
责任印制：汤慧君　周一丹

出版发行：暨南大学出版社（510630）
电　　话：总编室（8620）85221601
营销部（8620）85225284　85228291　85228292（邮购）
传　　真：（8620）85221583（办公室）　85223774（营销部）
网　　址：http：//www.jnupress.com　http：//press.jnu.edu.cn
排　　版：广州市天河星辰文化发展部照排中心
印　　刷：广州市快美印务有限公司
开　　本：787mm×1092mm　1/16
印　　张：10
字　　数：234 千
版　　次：2014 年 5 月第 1 版
印　　次：2019 年 8 月第 2 次
定　　价：32.00 元

总序

为了培养具备综合职业能力的高技能酒店服务与管理人才，编者以“工学结合”为指导思想，引入国外先进职教理念，深入广州地区酒店行业及企业实地考察、访谈和调研，以酒店岗位从业人员的实际工作任务为主线，依托校企合作，共同对酒店服务与管理人才培养模式、培养目标、职业能力和课程设置进行分析及定位，以典型工作任务为载体，根据典型工作任务和工作过程设计学习情境，按照工作过程的顺序和学生自主学习的要求进行教材内容的编写，创新并开发了酒店服务与管理专业基于工作过程系统化系列教材。本系列教材共12本，分别是：《餐厅服务》、《客房清洁》、《楼层接待服务》、《前厅服务》、《菜肴与酒水推销》、《酒吧服务》、《酒店英语》、《酒店服务心理》、《酒店服务礼仪》、《酒店信息管理》、《餐厅技能训练》、《客房技能训练》。

本系列教材由一批学术水平高、教学经验丰富、课程开发能力强的酒店专业教师与企业骨干共同开发而成。在教材组织编写工作中，我们坚持以下原则：

一是从职业岗位群分析入手，根据酒店对服务人员的要求和相关的国家职业标准，科学确定教材内容，使教材具有贴近酒店一线从业人员岗位实际工作要求的鲜明特色。

二是根据中等职业技术院校酒店服务与管理专业的教学特点，合理编排教材内容，并以工作情境为切入点，采用任务驱动的编写思路，使教材具有适应教学和易于学习的鲜明特色。

三是注重将酒店企业的新理念、新方法及综合职业能力要求编入教材，使教材具有与行业发展同步的鲜明特色，不仅适用于酒店服务与管理专业的教学，也适用于酒店行业、企业员工的职业培训。

上述教材的编写得到了广州首旅建国酒店有限公司、广州市嘉逸国际酒店有限公司、广东大厦等校企合作企业的大力支持，教材的编审人员做了大量的工作，在此表示衷心的感谢。同时，恳切希望广大读者对教材提出宝贵的意见和建议，以便修订时加以完善。

编委会

2014年3月

前言

《客房清洁》是酒店服务与管理专业基于工作过程系统化系列教材之一，是工学结合一体化核心课程，是“楼层接待服务”的前修课程，它是以酒店客房服务员工作岗位任务分析为出发点开发的一本专用教材。

本书涵盖三大学习情境：个性化客房布置、客人住店期间的客房清扫整理、客房污渍的处理。内容包括：酒店客房部及客房产品的认知、客房的功能布局及设备、客房用品的配备、客房清洁保养工作描述、客房的日常清洁整理、清洁剂的认知、清洁器具的介绍、地毯的清洁保养等等，这些知识和技能都是作为酒店客房从业人员所必须了解和掌握的。作为客房清洁的专用教材，其具有以下特色：特色一，本教材摒弃了传统教材枯燥乏味的说教模式，在各情境均设计了情境导入、任务描述、任务内容、任务实施、任务评价、案例分享及思考与练习等环节，以真实岗位工作为背景，采用情境教学法，真实演绎工作过程，并在此过程让学生学会工作，充分体验寓教于乐的学习乐趣。特色二，本书最大的亮点是图文并茂，用浅显的语言加上生动的图片，将操作方法、技巧形象地表达出来，使读者易于掌握其中要领，可操作性强。特色三，本教材既可作为读者进行自我学习、自我提升的工作参考书，同时，也可作为酒店员工培训的教材。

本书在编写的过程中，得到了多家酒店企业管理者的支持和配合，同时，也参考和引用了大量的图书和网站资料，在此，对各文献的原作者及提供内部培训资料的酒店企业，尤其是广州嘉逸皇冠酒店、广州首旅建国酒店有限公司表示诚挚的感谢。由于时间仓促，编者水平有限，本书在编写中难免存在不足之处，恳请读者批评指正。

编　者

2014 年 1 月

Contents

目录

Contents

目录

个性化客房布置

学习情境一

●学习目标

1. 能区分和描述客房的各种房型，画出标准客房的平面图；
2. 能按照客房物品配置标准正确配备不同类型房间的物品，并能正确使用和维护物品；
3. 在教师指导下，能掌握中、西式铺床的要领；
4. 能理解个性化服务的理念及其意义；
5. 在教师指导下，收集客人的相关资料，分析客人的隐性需求，分组完成个性化客房的设计与布置；
6. 通过学习，同学间能形成良好的沟通与协助关系，培养团队合作精神。

情境导入

广州嘉逸皇冠酒店在今年情人节推出浪漫情人节套餐促销活动，以提高酒店的知名度，为酒店带来更好的收益，并带动各营业板块的推广。管家部接到该方案后，马上安排服务员进行情人节客房的布置，布置效果如图 1－1a、b、c、d、e 所示。

图 1－1a

图 1－1b

图 1－1c

图 1－1d

图 1－1e

任务描述

模仿酒店的工作情境，以小组为单位，设计一款主题客房。要求以 11 月在广州举行的中国音乐金钟奖为情景，为即将到来的大批歌唱家、参赛选手、工作人员和观众布置个性化房间，让到店的贵宾住得舒适、开心，留下美好的回忆。

布置客房时要求主题鲜明，任务实施后各组需展示本组成果并派代表讲述方案，要求具有可操作性并控制成本。

任务内容

◆酒店客房认知。

◆酒店客房设施、设备和物品的配置。

◆中、西式铺床的操作流程与技巧。

◆根据接待任务进行个性化客房的布置。

教学流程：

（1）明确任务：以小组为单位，完成一间个性化客房的布置，具体看任务书。

（2）获取信息：查阅及收集与本任务有关的资料，进行整理、备用。

（3）计划与实施：以小组为单位，分析、讨论有关资料，拟定方案并组织实施。

（4）成果展示：各组展示本组成果并派代表讲述方案，要求主题明确、立意鲜明。

（5）评价与反馈：小组自评、互评及教师点评，并及时反馈意见给大家。

（6）总结与反思：总结优点及不足，改进优化。

任务准备

◆课前查阅相关书籍，搜索星级酒店或酒店订购网站资料，收集不同酒店客房的相关信息。

◆准备手提电脑、教学课件、教学视频、活动黑板和卡纸等。

◆课前准备模拟实训场地、床上用品（包括床单、毛毯、被芯、被套、枕芯、枕套、床罩）及客房用品（如沐浴液、洗发水、卷纸、茶叶）等。

◆检查仪容仪表和制服的穿着情况。

任务实施

项目1：认识不同类型的客房

▲讨论：作为住客，你期待入住的五星级酒店的客房是怎样的。

▲教师通过图片、视频等展示方式，用引导文法让学生认识客房的类型。

▲教师带领学生参观学校模拟仿真客房实训室，认识标准房和大床房，并能绘出标准房的平面图。

▲学生以小组为单位，收集酒店各种不同类型的客房，派代表讲述本组喜欢的客房的类型及理由，为后面的个性化客房布置做铺垫。

项目2：客房用品大观

▲教师通过图片、视频等展示方式，用引导文法让学生认识客房物品配备的数量及摆放位置。

▲通过看图说话，让学生了解 VIP 客房的配备要求。

▲教师带领学生参观学校模拟仿真客房实训室，让学生指出物品摆错及数量有误的地方，再由教师点评。

▲让学生讲述客房基本设施、设备的用途及操作要领。

项目3：中、西式铺床

▲教师播放视频，让学生观看中、西式铺床和开夜床的做法。

▲找几名学生按照视频中的做法模仿铺床，教师点评。

▲教师示范中、西式铺床和开夜床的标准做法，讲解注意事项。

▲学生以组为单位，分步骤练习中、西式铺床和开夜床的基本技法，教师巡堂指导。

▲学生以组为单位，进行各分解步骤的比拼竞赛，教师掌控课堂和巡堂指导。

▲学生以组为单位，互帮互学，直到本组所有成员掌握要领为止，教师边巡堂边考核学生中、西式铺床和开夜床的技能。

项目4：个性化客房布置

▲将全体同学按 6 人为一组分成若干小组。

▲教师以客房经理的身份向各楼层工作小组派发接待任务单。

▲教师指导学生解读任务单，明确个性化客房的布置要求。

▲各组按各自任务单制订“个性化客房方案”，注意与主题相符。

▲以情景模拟形式，各组按照方案材料清单到财物组领取相关材料（客用物品、床上用品、创意用品等）。

▲各组分工协作，完成客房布置，教师从旁巡视、指导。

▲各组成果展示：各组展示本组成果并派代表讲述方案，要求主题明确、立意鲜明。

▲评价与反馈：小组自评互评，教师点评，并及时反馈意见给大家。

▲任务拓展。

具体任务安排见表1－1。

表1－1 任务实施表

1	1. 认知酒店不同类型的客房 2. 参观学校客房实训室 3. 讲述和区分酒店客房的类型	1. 课前整理仪容仪表，接受教师点名、检查 2. 按要求分组，6人一组，每组推选一名组长，负责整个学习任务的实施与组织 3. 观看PPT及视频，认真倾听教师对工作任务的描述，明确学习任务 4. 上网查询关于客房的资料 5. 参观仿真客房实训室，分组讨论及画出客房平面图 6. 学生展示所画平面图，老师点评	1. 教师点名考勤，强调上课纪律，检查学生的仪容仪表 2. 讲解分组要求，进行异质分组；宣布推选的组长及其工作职责，负责整个学习任务的实施与组织 3. 展示PPT及视频，引导学生注意教师对任务的描述 4. 带领学生参观仿真客房实训室 5. 点评学生所展示的客房平面图 6. 记录学生表现	图片测试，画出客房平面图
2	1. 认识客房物品的配备及摆放 2. 了解VIP客房的配备要求 3. 找对错：辨别客房物品摆放的对错 4. 小组竞赛，看哪组选出的正确答案最多 5. 讲述客房设施、设备的用途及安全操作要领	1. 观看PPT及视频，认真倾听教师对工作任务的描述，明确学习任务 2. 组长分工，安排组员的工作 3. 上网或根据教师提供的学习资源库，查阅客房物品配置要求和设施、设备的用途及安全操作等内容 4. 分组在仿真客房实训室了解不同类型客房物品的配置及摆放要求 5. 分组活动：物品摆设找对错，讨论并将获取的资料写在卡纸上，准备进行展示汇报 6、展示汇报：派代表讲述本组活动情况及客房设施、设备的用途及安全操作要领	1. 展示PPT及视频，引导学生注意教师对任务的描述 2. 教师引导学生查阅资料，了解VIP客房的配备要求 3. 组织学生在客房实训室进行小组活动 4. 教师巡视，解答学生的疑惑 5. 教师对学生的分组活动进行巡回指导，并记录学生的表现 6. 点评各组情况及各位学生的表现	游戏活动，小组竞赛

（续上表）

3	1. 视频展示：中、西式铺床和开夜床 2. 抽取个别同学模仿视频内容，示范铺床，老师点评 3. 教师示范标准操作方法，讲解要领 4. 学生进行基本技法练习 5. 学生组内进行互教互学活动 6. 学生间进行小组竞赛	1. 课前整理仪容仪表，接受教师点名、检查 2. 观看 PPT 及视频，认真倾听老师对工作任务的描述，明确学习任务 3. 按要求分组，4 人一组，每组负责一床，组长负责实施练习 4. 各组派人模仿视频尝试铺床 5. 观看老师示范操作 6. 分组练习基本技法 7. 小组竞赛：中、西式铺床	1. 教师点名考勤，检查学生仪容仪表 2. 展示 PPT 及视频，引导学生注意教师对任务的描述 3. 随机抽取学生模仿视频尝试铺床，教师点评 4. 教师示范标准操作并讲解技术要领 5. 学生分组练习，教师巡堂辅导，记录学生表现 6. 组织学生分组竞赛并考核学生的技能	技能考核，小组竞赛
4	1. 明确任务：各组根据入住客人的特征设计一款个性化客房： （1）藏族歌唱家 （2）参赛女歌手 （3）来观看演出的带小孩的三口之家 （4）新婚夫妇 （5）老年夫妇 （6）住店期间过生日的客人 2. 根据任务收集客人相关资料并分析 3. 制订计划：分组讨论，拟定个性化客房布置方案，需与主题相符 4. 实施计划：个性化客房布置 5. 成果展示并解说 6. 评价反馈与任务拓展	1. 认真倾听教师对工作任务的描述，明确学习任务 2. 组长分工安排组员的工作 3. 学生上网或根据教师提供的学习资源库，查阅收集任务中提及的客人特征及隐性需求等相关资料 4. 各组对获取的资料进行讨论分析，初步拟定个性化客房布置的方案 5. 各组将初步方案写在卡纸上，进行展示汇报，其他组提建议 6. 根据其他组及教师的建议重新修订方案 7. 根据方案布置客房 8. 展示成果并解说 9. 小组自评与互评 10. 组长总结本次学习过程的优点和不足	1. 展示 PPT，引导学生注意教师对任务的描述，明确学习任务 2. 引导学生查阅资料，教师巡视，解答学生的疑惑 3. 引导学生分析客人的隐性要求和想要达到的目的 4. 点评学生的初步方案 5. 教师对学生的分析讨论进行巡回指导，并记录学生的表现 6. 及时记录方案实施过程中学生的操作情况，关注每个学生的参与度与闪光点 7. 点评各组作品，完成任务评价表的填写 8. 对整个学习过程进行总结，评价收获，优化不足	小组自评，小组互评，教师评议

相关知识

一、酒店客房部及客房产品认知

（一）酒店客房部认知

客房部（Housekeeping Department）又称房务部或管家部，是酒店向客人提供住宿等综合性服务的部门，为住店客人提供各种客房服务项目，负责客房设施、设备的维修保养，并承担着客房和酒店公共区域的清洁卫生工作。

1. 客房部组织机构

客房部的组织机构和人员构成由酒店根据自身实际情况来设定，一般来说，有以下两种形式。

（1）大中型酒店客房部，组织机构如下图所示：

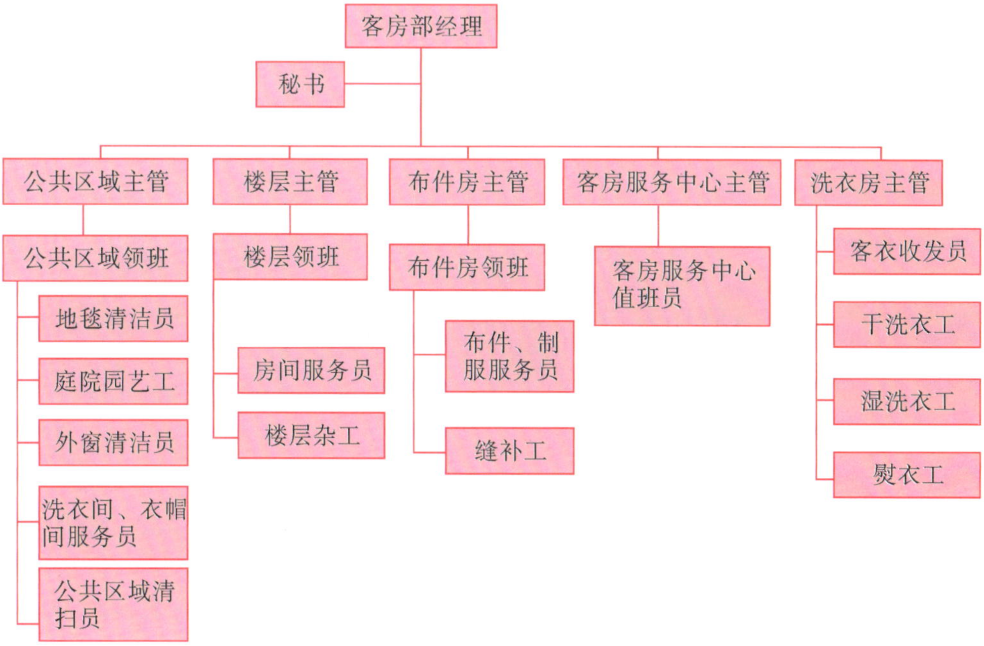

（2）小型酒店客房部，组织机构如下图所示：

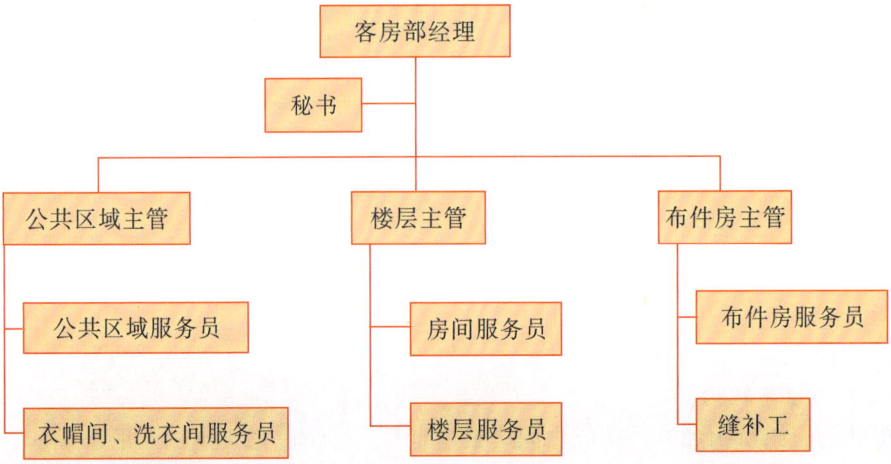

2. 客房部的岗位设置

客房部分工复杂，人员繁多，因此合理设置岗位是客房部进行有效管理的前提条件。以大中型酒店客房部组织机构配置为例，主要设置以下岗位：

（1）经理办公室（Office）：客房部设经理、经理助理各一名，另有秘书一名，早晚两班工作人员若干名。主要负责客房部的日常性事务及与其他部门联络、协调等事宜。

（2）客房楼层服务组（Floor）：设主管一名，早、中、晚领班若干名。负责所有住客楼层的客房、楼道、电梯口的清洁卫生和接待服务工作。大型饭店往往分设卫生班、台班和服务班。

（3）公共区域服务组（Public Area）：设主管一名，早、中、晚领班各一名。负责饭店除厨房外的所有公共区域的清洁卫生。对于规模大、占地面积广的饭店，由于任务多、责任重，有可能成为一个独立的部门，负责公共区域的清洁、保养、防疫和绿化等工作。

（4）布草房：设主管、领班各一名，另有缝补工、布件及制服服务员若干名。主要负责饭店的布件和员工制服的收发、送洗、缝补和保管，确保布件和制服的周转使用。

（5）客房服务中心：设主管一名，接线员若干名，下设早、中、晚三个班次。其主要负责处理客房部信息，包括向客人提供服务信息和内部工作信息；调度调节对客服务；管理员工出勤；管理工作钥匙；处理客人失物和遗留物品。

（6）洗衣房：通常设主管一名，早、中领班若干名，下设客衣收发组、湿洗组、干洗组、熨衣组。主要负责洗涤客衣和饭店所有布件与员工制服。

（二）客房产品认知

客房是人们外出暂时居住的投宿场所，也是酒店出售的最主要产品，认知酒店客房类型及物品配备是作为一名客房服务员进行客房清扫和布置的前提条件，而学员们作为一名酒店的准职业人，有必要认识客房产品的类型，熟悉客房的设施、设备和用品配置的标准。

1. 客房类型

客房的分类方法很多，常见的有以下几种：

（1）根据构成单位客房的房间数量分类。

①单间客房：以四星级酒店为例，房间面积不小于20m^2（不含卫生间），带有独立卫生间的单位客房，如图1－2所示。

图1－2

②套间客房：由两个或两个以上相通的房间构成的单位客房，如图1－3所示。

图1－3

（2）根据单间客房所配置床的种类和数量分类。

①单人间（Single Room）：配备一张单人床的单间客房，如图 1－4 所示。这种客房的隐私性强，比较适合不愿与别人分享一间客房的单身客人住用，也颇受独自旅行者的青睐，有一定的市场需求。但一般只在三星级以下饭店中设立，且此类客房所占比例不多。

图 1－4

②大床间（Double Room）：配备一张双人床的单间客房，也称为“蜜月客房”，如图 1－5 所示。原来主要是为夫妻旅行者设计，随着客人日渐追求客房的舒适感，许多单身客人尤其是商务客人也喜欢此类客房，因此这类客房与单人间的区别界限越来越模糊。一些高档商务饭店倾向于取消面积较小、摆放一张单人床的单人间，使客人自动升级（Upgrade）使用配置一张大床的商务房，提高饭店的经济效益。

图 1－5

③双床间（Two-bed Room）：配备两张床的单间客房，包括 Twin Room、Hollywood Twin Room、Double-Double Room 和 Double-Single Room。

Twin Room：两张单人床，用床头柜隔开，如图 1 -6 所示。

图 1 -6

Hollywood Twin Room：两张单双两便的床紧靠一起，可根据需要调整成标准间，如图 1 -7 所示。

图 1 -7

Double-Double Room：两张双人床，面积较大，适合家庭使用，如图 1－8 所示。

图 1－8

Double-Single Room：一张双人床，一张单人床，适合家庭使用，如图 1－9 所示。

图 1－9

④三人间（Triple Room）：配备三张单人床的单间客房，如图 1－10 所示。此类房间二星级以下的饭店设立较多，属经济房，在高星级饭店一般不设立三人间。如果入住高星级饭店的客人要求三人合住一个房间，通常在标准间内加一张折叠床，并在标准间的价格基础上增收加床费用。

图 1－10

（3）根据构成套间的房间数量及内部装潢布置的档次分类。

①普通套间（Junior Suite），又称为标准套间，一般由连通的两个房间构成，一间为卧室，另一间为起居室，如图 1－11 所示。

图 1－11

②立体套间（Duplex Suite）：卧室在上，起居室在下，两者用楼梯连接的套间，如图1－12所示。

图1－12

③商务套间（Business Suite）：商务套间中的一间为小型洽谈室，配备专用的写字台，室内光线明亮；另一间为卧室，与卫生间相连，如图1－13a、b所示。

图1－13a

图 1－13b

④豪华套间（Deluxe Suite）：可以是双套间，也可以是三套间，还可以是多套间，由卧室、起居室、会客室、餐厅、书房、厨房组成，如图 1－14 所示。

图 1－14

⑤总统套间（Presidential Suite）：一般由五间以上的房间构成。总统和夫人卧室分开，男女卫生间分用。房间功能被极度细分，房内可分设客厅、书房、会议室、随从室、警卫室、餐厅、厨房、娱乐室、酒吧等。室内布置极尽奢华，设备用品精致考究，如图 1－15 所示。为了满足不同层次客人的需求，不仅五星级饭店设有总统套房，大多数四星级甚至一些三星级饭店也设置了总统套房。它已成了一种档次的象征，标志该饭店已具备了接待

国家元首的条件。但总统套房并非只有总统才能住，根据各饭店的实际情况决定，一般来说只要付得起房租，谁都可以入住。也有些饭店将本饭店最高档的套房命名为主席套房、总理套房等。

女主人卧室

书房

会客室

会议室

按摩浴缸

桑拿室

厨房

餐厅

男主人卧室

图 1－15

（4）根据客房的位置分类。

①内景房（Inside Room）：内景房的窗户朝向饭店的内院，住客在房内便可观赏到店内的景色，如图 1－16 所示。

图 1－16

②外景房（Outside Room）：外景房的窗户朝向街道、公园、大海、湖泊等，住客在房内便可观赏到店外的景色，如图 1－17 所示。

图 1－17

③相连房（Connecting Room）：指两个独立的双人间，在两房共有的墙壁上有双重隔门连接起来，中间的两扇隔门上锁，平时作为单间客房分开使用。在有需要时可将两间房同时出售，打开双重隔门，则两间形成一套间。

④角房（Corner Room）：位于楼屋的边角处，只是在多边形或特殊造型的建筑中才有这种房间。

（5）特殊客房（Special Room）。

①残疾人客房：配有一些特殊的设备和用品，能满足残疾人生活起居的一般需求，如通道宽敞、地面无障碍物、墙上有扶手等。比如盲人客房，配置有音频的、用大号铅字排印的杂志，摆放有大型转拨电话机、有语音功能的温度自动调节器和闹钟，用盲文印刷的电器使用说明书等。

②公寓房：一般适合家庭居住，能满足客人长期居住的需要，客房内的布局、功能尽量家庭化，如客房内有厨房、餐室和较大的储存间等。

③无烟房：符合绿色环保的理念，深受女士的青睐，最显著的特征之一是房内不放置烟灰缸。

④女性客房：此类客房关注女性的三大问题——安全、健康、妥善安排儿童。

⑤老年人客房：设施、设备和客房服务强调安全性与舒适性，如特别注意地面的防滑功能，提供上门送免费早餐服务等。

二、客房的功能布局及设备、用品配置

客房是客人在饭店逗留期间的家外之家，为了满足客人休息与工作的需要，客房必须

配备一些相应的家具和设备，并对其进行合理的功能设计。

（一）酒店客房标准间的功能布局

标准客房一般分为以下五大功能区：

1. 睡眠空间

睡眠空间是客房最基本的空间，是供客人睡眠的地方，主要配备有床和床头柜。床头柜上通常放置电话、便笺纸和笔、电视遥控器等，两头安装床头灯。床头柜电器板上还设计有电器开关，供客人开启电视、房内的电灯，收听音乐等，如图 1－18a、b 所示。

图 1－18a

图 1－18b

2. 起居空间

起居空间是供客人起居活动用的，通常位于窗前区。主要配置有小圆桌、扶手椅（圈椅），供客人休息、会客、饮食及娱乐使用，通过窗户可欣赏室外景色，如图 1－19 所示。有些饭店客房设有阳台，阳台也属于起居活动区。

图 1－19

3. 书写空间

书写空间一般安排在床的对面，放有写字台和座椅，桌面上有台灯、服务指南、电视机，电视机也可挂在墙上或放在专属的电视机柜上，写字台墙壁上一般都装有一面梳妆镜，方便客人梳妆打扮，如图 1－20 所示。

图 1－20

4. 储存空间

储存空间指进出房间通道旁的衣橱位置，在卫生间的对面。衣橱里通常放有备用枕头、被子、毛毯、鞋篮、衣刷、鞋拔、保险箱、熨斗、熨衣板、衣架等，可供客人使用，如图 1－21a、b 所示。

图 1－21a

图 1－21b

5. 盥洗空间

盥洗空间即客房的卫生间，供客人洗漱、方便的地方。卫生间主要设施包括脸盆、浴缸和恭桶，高星级酒店的客房还配有挂式电话、电吹风等，方便客人使用，如图 1－22 所示。

图 1－22

（二）客房基本设备

1. 家具设备

客房家具配置要求做到风格、式样、色调三者统一。一般标准房的家具主要包括：床、床头柜、衣橱、酒柜、行李架、写字台、化妆台、电视柜、沙发、茶几等，如图1-23所示。

床、床头柜

行李架

写字台

茶几、扶手椅

衣橱

电视柜

图1-23

2. 电器设备

标准房一般配备的电器设备主要包括：照明设备、电视机、空调、电话、电热水壶、电冰箱和电吹风等，如图1-24所示。

照明设备

电视机

电话

电热水壶

电冰箱

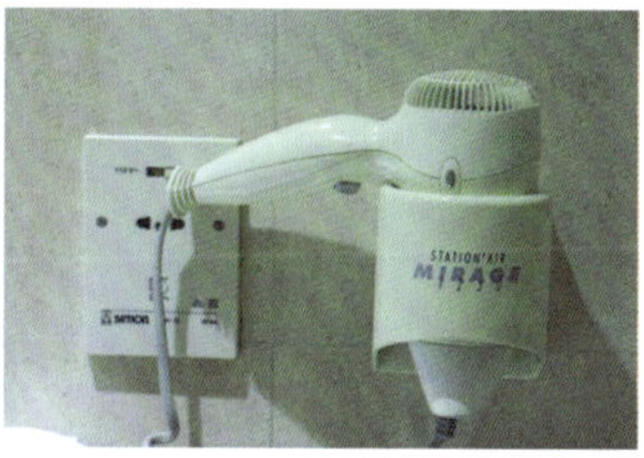

电吹风

图 1－24

3. 卫生设备

标准房的卫生设备一般包括：浴缸、淋浴房、云石台、洗脸盆和便器等。豪华客房和套间还配有净身器，一般设在便器旁边，如图 1－25 所示。

浴缸

便器、净身器

淋浴房

洗脸盆、云石台

图 1－25

4. 安全设备

客房的安全设备分为防火设备和防盗设备。防火设备包括烟感报警器、温感喷淋头、安全指示图等。防盗设备包括门锁、窥视镜、防盗链、保险箱等，如表 1－2 所示。

表 1－2　安全设备表

房门	安全指示图（走火图）	防火	如图 1－26 所示
	窥视镜、门锁、防盗链	防盗	如图 1－27 所示
床头柜	“请勿在床上吸烟”提示卡	防火	如图 1－28 所示
房顶上	烟感报警器	防火	如图 1－29 所示
	温感喷淋头		如图 1－30 所示
衣柜	保险箱	防盗	如图 1－31 所示
浴缸	防滑垫、不锈钢扶手、意外报警器	防滑	如图 1－32、1－33 所示

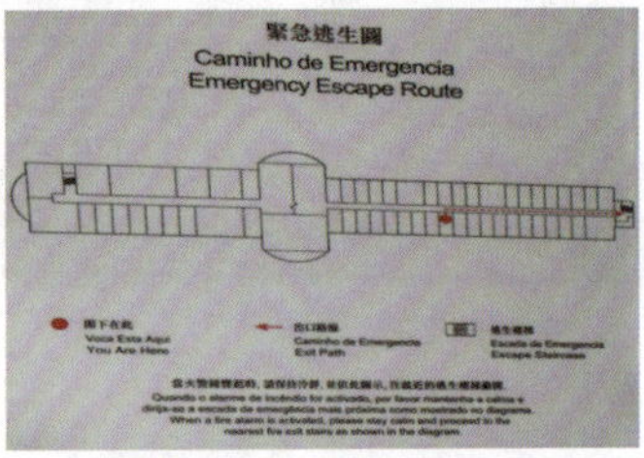

图 1－26

图 1－27

图 1－28

图 1－29

图 1－30

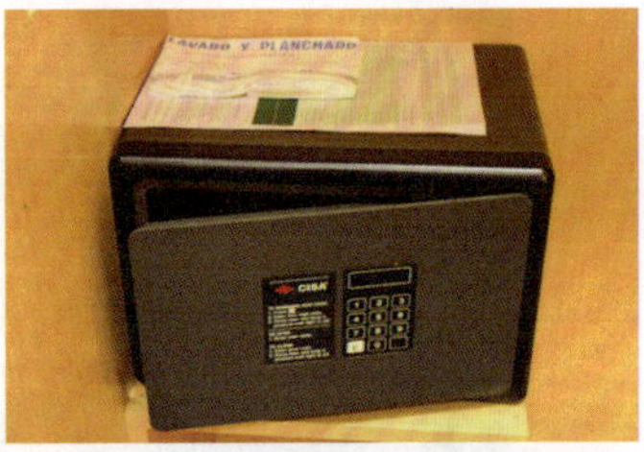
图 1－31

图 1－32

图 1－33

（三）客房的用品配置

饭店的客房在配置了必要的设施设备后，为了满足客人在客房中的生活与工作需求，还需配备相应品种和相应数量的客房用品，如沐浴液、洗发水、卫生纸、茶叶等，如图 1－34所示。

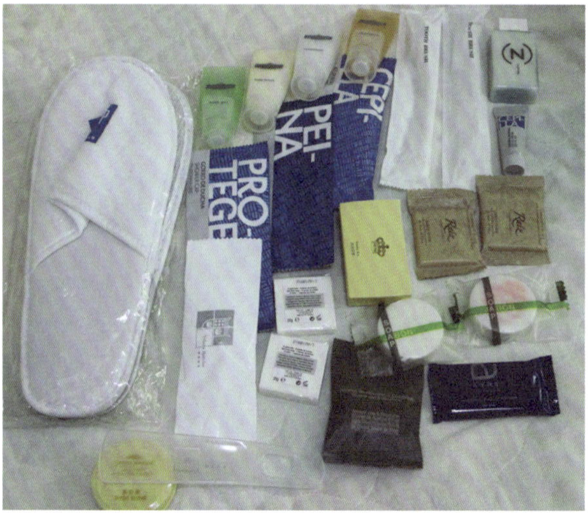

图 1－34

1. 按消耗的形式分类

（1）多次性消耗品：如床上用品、水杯、“四巾”（中巾，浴巾，方巾，地巾）、小方巾、烟灰缸、酒具、衣架等，它们不属于馈赠客用品。

（2）一次性消耗品：如圆珠笔、茶叶、香皂、牙具、文具用品、剃须刀等，它们属于馈赠客用品，如图 1－35a、b 所示。

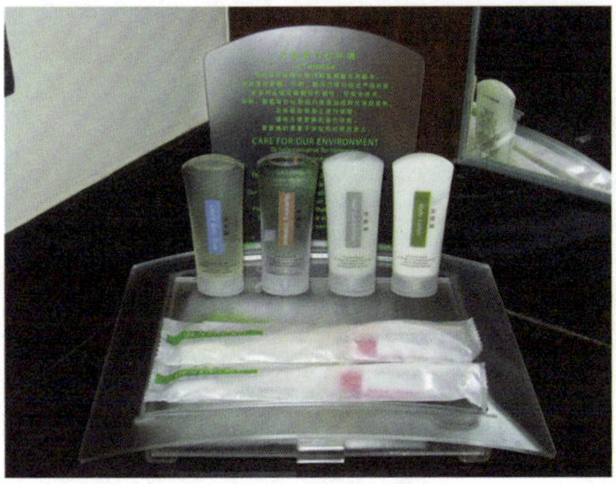

图 1－35a

图 1－35b

2. 按供应的形式分类

（1）客房免费赠品，即客人可带走的一次性用品，如茶包、信封、针线包等。

（2）客用固定用品，即客人离店时不可带走的多次性消耗品，如“四巾”、烟灰缸、浴袍等。

（3）宾客租借物品，即住店期间可免费借用的物品，如熨斗、熨衣板、转换电插座、手机充电器等。

3. 标准房客用品配备

（1）客房布件：

①床垫保护褥。每房配置两张，与床的平面尺寸一样，铺在席梦思上。上方再铺床单，起防滑和保护席梦思的作用。

②床单。每床一张。

③枕套。每床配置两个。

④被套。装棉被用，每床配置一个。

⑤枕芯。枕芯为三维卷曲棉或羽绒，每床配备两个。

⑥棉被。选用踏花被或羽绒被。每床配置一床棉被，尺寸根据床的大小来选择，一般宽度在 150cm 以上。

⑦浴巾。供客人淋浴用，每房配备两条。

⑧面巾。供客人洗脸或沐浴用，配备量和浴巾相同。

⑨地巾。平时放在浴缸边中央位置，开夜床时放在浴缸前方地上供客人淋浴后踏脚用，有的饭店还在开夜床时放一条在床侧的地面上。每房配备一条。

⑩方巾。供客人擦手、化妆使用，三星级饭店配备量与浴巾配备量相同，高星级饭店每客配备两块。

⑪窗帘。要求透气性好、美观、大方，颜色以调和色为主，与家具、地毯颜色相协调，颜色最好与床罩一致。质地优良，以棉、麻、丝为主。折叠比例为 1∶2，新型饭店有配置电动窗帘甚至无线遥控窗帘。

⑫浴袍。供客人浴后或浴前使用。纯棉或丝绸制品，要求柔软舒适、保暖。

（2）其他备用品：

①挂画。根据房间大小来安排，可挂一至两幅。

②冰桶。配置一个，盛放冰块用，配有冰夹，放在酒水柜里。

③垃圾桶。一般选用塑料桶，也有外壁是木制，内壁是不锈钢或藤编的。数量为两个，卫生间一个，房间内书桌下侧一个。

④服务指南。一本，介绍饭店各类服务项目，放于文件夹中。

⑤文件夹。仿皮或真皮制品，每房一本，放置宣传单和服务指南等，摆放在书桌上。也有的饭店用文件盒，放于抽屉内。

⑥饮水器。一台，放在书桌上（台式）或圈椅旁（立式），可提供纯净水或矿泉水；如果饭店没配饮水器，则应配电热开水壶。

⑦茶杯。两个，白瓷净色为主，放在咖啡台上的托盘中。

⑧茶叶盅。盛放茶叶，配置两个，一个放在茶杯前，另一个放在酒水柜的咖啡杯具前，放糖和咖啡伴侣。

⑨口杯。两个，玻璃制品，放在卫生间云石台上或托盘里，供客人漱口用。

⑩果汁杯。两个，玻璃制品，放在茶杯旁，供客人喝饮料用。

⑪托盘。两个塑料制品或漆器、不锈钢、木制品。一个在房间，放茶杯等物；另一个在卫生间，放洗漱用品。

⑫衣架。平衣架四个，挂普通衣物；西装架四个；裤架（裙架）二至四个，放于衣柜内。

⑬衣刷。一把，放置在衣柜中，供客人刷衣灰用。

⑭鞋拔。一把，放在衣柜中。

⑮小酒吧。放置四至五种洋酒各两瓶，小瓶红葡萄酒两瓶，饮料八种各两瓶，小食品五种。

（3）易耗品：

①卫生间易耗品一般有：洗发水、沐浴液、润肤露、护发素各两瓶；香皂两块；牙具两套，内有牙刷、牙膏；浴帽两盒；刷子两把；棉签一包；剃须刀一把（可视客人情况变动，两位女客人可不放，两位男客人就需加一把）；指甲锉两把；卷纸两卷，一卷安装在厕纸架上，一卷放在备用纸架或纸盒内；面巾纸一盒；卫生袋一盒放在恭桶水箱上，为不透明塑料制品或防水制品，供女宾客装污物扔入垃圾桶，如男宾客入住，则可临时撤去。

②房间易耗品一般有：拖鞋两双，饭店可根据客房档次选择无纺纸质布拖或棉拖，放在床头柜下方；擦鞋纸（布）两张，也有的饭店配亮鞋擦，放在拖鞋旁，供客人擦鞋用；火柴三盒，放在烟灰缸边上；针线包一个，放在书桌抽屉内，配有线、纽扣和针；茶叶六包，红茶、绿茶、花茶各两包，放在茶盅里；咖啡、伴侣、糖各两包；洗衣袋两个，放在衣柜或书桌抽屉中；礼品袋两个，放在书桌抽屉中；铅笔、圆珠笔各一支；便笺夹两个；洗衣单两份；电视节目单一份；宾客意见单两份；“请即打扫”清洁牌一张；大信纸六张；小便笺一本；信封两个；赔偿价目表（纪念品价目表）一张；明信片两张；“请勿吸烟”和“祝您晚安”牌各一张；“环保节能卡”一张及各类宣传印刷品等。

三、中、西式铺床的操作规范

铺床又称做床，是客房服务员必须掌握的基本技能之一。能熟练地铺床，对提高客房清扫效率、节省清扫时间起到关键性的作用。

目前，酒店中的铺床有中式和西式之分。西式铺床，平整美观、造型规范。床单和毛毯包裹紧实，客人需用较大力气才能将毛毯拉出来。睡觉时若不小心，床单和毛毯易走位，给客人一种不太方便的感觉，如图 1－36 所示。

图 1－36　西式铺床

图 1－37　中式铺床

中式铺床被子轻盈、保暖，使客人盖得更舒适、方便，如图 1－37 所示。

西式铺床是一种较为传统的从国外引入的铺床方式，近年来逐渐被较为流行的也更为方便的中式铺床所替代。由于酒店的客人多种多样，各自喜好不同，因此，酒店在床上物品配备上也会根据客源的习惯、喜好来进行配置。

（一）中式铺床的基本操作步骤

1. 床单的甩单定位

（1）站在床尾，曲膝下蹲，双手将床垫连同床架慢慢拉出约 50cm，检查、整理床垫，使床垫与床架完全吻合，如发现有污迹或损坏应立即更换。

（2）站在床尾，左手拿起床单的一头，右手将床单另一头抖散并抛向床头位置。

（3）双手执床尾床单的两边，床单中折线居两手位置中间，两手相距 80～100cm，将床单提起，使空气进入到尾部，身体稍向前倾，用力将床单甩开，平铺于床垫上。

（4）铺设好的床单要求正面朝上，中折线居床的正中位置，床头床尾部位床单下垂，两侧均匀留出，使之能够包住床垫。

2. 包边包角

（1）以下蹲姿势将床尾下垂床单用双手塞入床垫下，床角位置将下垂床单于床侧方向折叠成 45 度角或 90 度角，并将床侧下垂床单掖入床垫下，使之包住床垫。

（2）用同样的方式将床尾另一侧的角包好。

（3）床头两角的包法与床尾两角的包法相同。

（4）包好的角要求四个角度均匀紧实，样式一致，床单面平整、挺括，床侧面挺直、紧实。

3. 甩被套

（1）站在床尾，将已折叠好的被套拿到床面上。

（2）用双手抓住其顶端，双脚站稳，重心朝前，双臂伸出，将被套从身体腹部位置抛出，展开平铺于床面。

（3）将被套顶端拉至被套尾端距离床尾约30cm，再将被芯顶端反盖于被套上。

（4）甩好的被套要求中折线居中，床侧两边垂直距离相等。

4. 入被芯

（1）将已折叠好的被芯放在床尾打开。

（2）先将被芯的两个角塞入被套前端，与被套的两个角固定好，并抓住两角提起，再将被芯的其他部分塞入被套内。

（3）双手用力将被芯抖开，然后平铺在床上，再将被套的带子系好。再到床头将被子拉至与床头边缘平行再反折30cm。

（4）套好的被子要求四边及四角都饱和，中心线居中，两侧均匀留出，被子平整、挺括。

5. 套枕套

（1）将枕套抖开，枕芯对折，将枕芯对着枕套口套入枕套内。用同样的方法将另一个枕头套好，套好的枕头要求枕芯全部装入枕套内不外露，四角均匀饱满。

（2）将套好的枕头横放于床头并居中，与床垫头边缘平行，开口反向于床头柜方向。

6. 将床退回原位

用腿部力量将床缓缓推进床头柜，再检查一遍床是否铺得整齐、美观，并整理床裙，使之保持自然下垂、整齐。

具体实施操作如表1－3所示。

表1－3 中式铺床

1	将床拉到容易操作的位置	（1）屈膝下蹲，如图1－38所示，用手将床架连同床垫慢慢拉出50cm左右	 图1－38
		（2）将床、床垫拉平放正，检查床垫四周的松紧带是否脱落，注意床垫的卫生情况，如有污渍、破损等迹象应撤换	
		（3）留意席梦思上所写的数字	

（续上表）

2	铺床单	(1) 将第一条床单铺在床上（包单、包边、包角），床单正面向上，中折线居床的正中位置，均匀地留出床单四边，使之能包住床垫，如图 1－39 所示	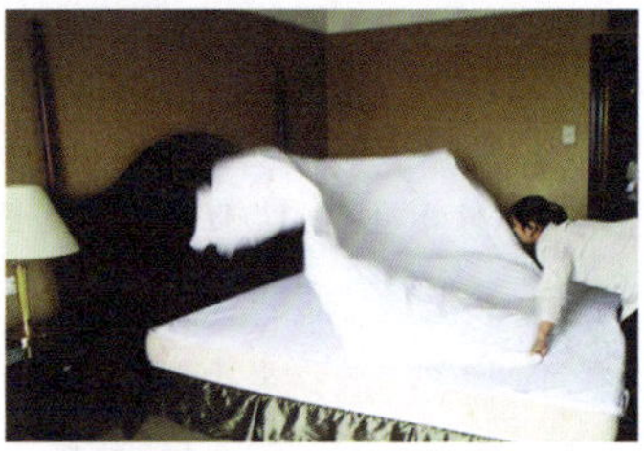 图 1－39
		(2) 四个角式样、角度一致包成直角，四个角均匀、紧密。席梦思四边多余的床单分别塞入床与床架中间，如图 1－40 所示	 图 1－40
3	套被套	(1) 被套平铺在床上，开口在床尾，被套无污迹、无破损，如图 1－41 所示	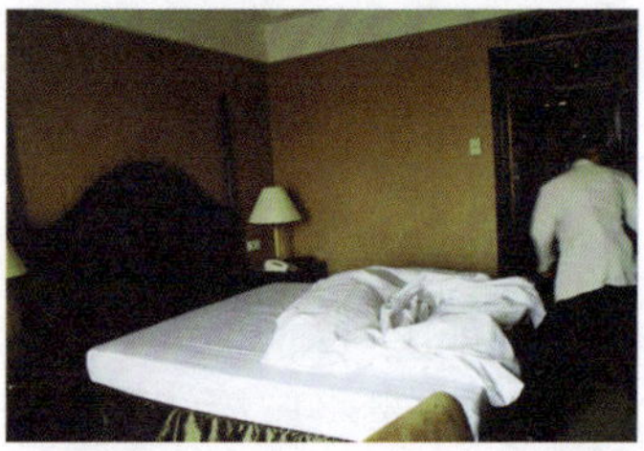 图 1－41
		(2) 从开口处将两手伸进被套，首先将被套反面朝外，将被套的两角处对准被子的两角，然后将被套翻身，拉平被套，四角塞入后，对准整平，开口处在床尾，铺在床上，床头部分向上折起 25cm，后面下垂部分跟地毯齐平，并拉挺，如图 1－42、1－43 所示	 图 1－42  图 1－43

（续上表）

4	套枕套	（1）将枕芯装入枕套，不能用力拍打枕头，如图 1－44 所示	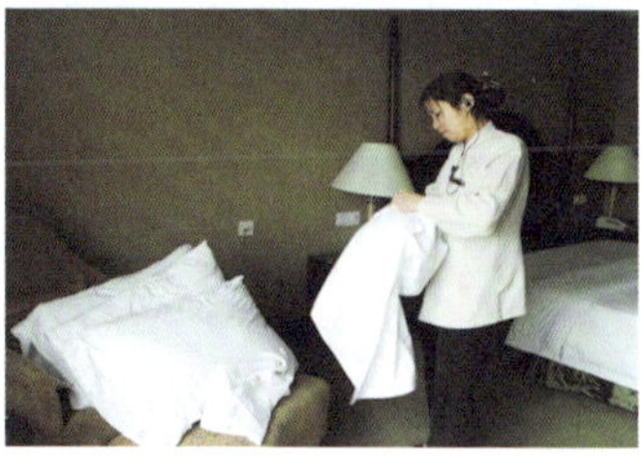 图 1－44
		（2）将枕头对准床头的正中，距床头约 5cm，两张单人床枕套口与床头柜方向相反，双人床枕套口互对，单人床和双人床的枕头与床两侧距离相等，如图 1－45 所示	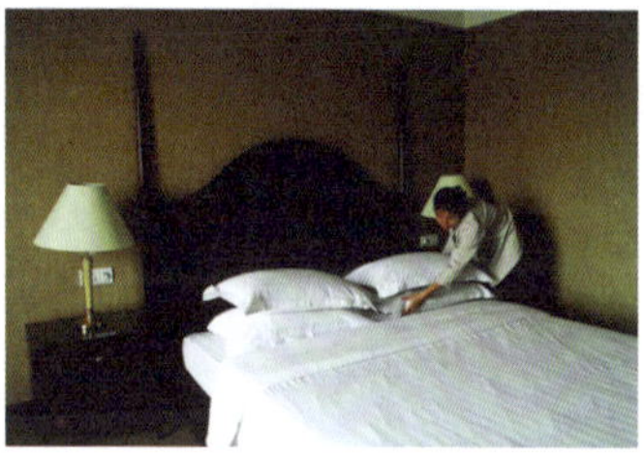 图 1－45
5	将床退回原位	（1）放置床尾带及靠垫，床尾带必须要平整，两边均匀下垂，靠垫放在枕头前	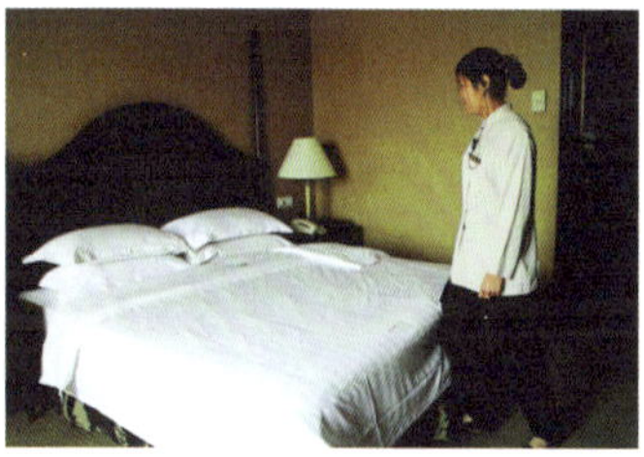 图 1－46
		（2）用腿部力量将床缓缓推进床头柜，再检查一遍床是否铺得整齐、美观，并整理床裙，使之保持自然下垂、整齐，如图 1－46 所示	

（二）西式铺床的基本操作步骤

1. 垫单的甩单定位

（1）开单将甩开的床单抛向床头位置之后，使床单的正面朝上，中线居中，手心向下，抓住床单的一边，两手相距 80～100cm，将床单提起，使空气进入床尾部位，并将床单鼓起。

（2）在离床面约 70cm 高度时，身体稍向前倾，用力打下去。

（3）当空气将床单尾部推开的时候，利用时机顺势调整，将床单向床头方向拉正，使床单准确地降落在床垫的正确位置上。

2. 包边包角

包角从床尾做起，先将床尾下垂部分的床单掖进床垫下面。

包左角：左手将右侧下垂的床单拉起折角，右手将右角部分床单掖入床垫下面，然后左手将折角往下垂直拉紧包成直角，同时右手将包角下垂的床单掖入床垫下面。

包右角：方法与包左角相同，但左右手的动作相反。床头两角与床尾两角包法相同。

3. 衬单的甩单

铺衬单与铺垫单的方法基本相同。不同的是衬单的反面向上，铺好的衬单无须包角，床头部分的衬单要长出床垫10cm，衬单的中线与垫单中线及床垫中线重叠。

4. 铺毛毯

抓住毛毯头的两侧，把毛毯提起至胸前，双手把毛毯向前平抛，然后让毛毯自然下落，手抓住毛毯头向后拉平，使毛毯上端长出床头5cm，毛毯商标朝上，位于床尾。

5. 毛毯的掖边包角

（1）包盖毛毯头：将长出床垫部分的衬单翻起盖住毛毯25cm，然后再与毛毯一起向床尾方向反折30cm。复折后毛毯的上端与床垫保持25cm的距离，覆盖部分为30cm。

（2）盖床单：两手把衬单侧面持平，将衬单及毛毯塞入床垫和床架之间。

（3）包角定位：将床尾两角包成直角，方法与垫单包角方法一样。

6. 放床罩、套枕头、放枕头、打枕线

（1）放床罩：

①在床尾位置将折叠好的床罩放在床上，注意对齐两角（床罩的三边对齐）。

②将多余的床罩反折后在床头定位。

（2）套枕头：

①将枕芯平放在床上。

②两手撑开枕袋口，并将枕芯往里套。

③两手抓住袋口，边提边抖动，使枕芯全部进入枕袋里面。

④将超出枕芯部分的枕袋掖进枕芯里面。

（3）放枕头：

①两个枕头居中放置。

②下面的枕头应压住床罩约15cm。

③放好枕头，保证床侧两边均匀。

（4）打枕线：

①把反折的床罩盖上枕头，床罩的边缘与枕头平齐。

②把多余的床罩压在两枕头的中间，并进行加工整理。

③起枕线。

任务评价

表1－4　评价表1

1	画客房平面图，轮廓清晰、布局合理				
2	画家具，形象逼真、效果好				
3	标注房间各功能区且划分明确				
4	正确讲解图画				

表 1－5　评价表 2

1	明确客房物品摆放标准				
2	能找出物品摆放错误的地方				
3	组内成员团结合作、参与度高				
4	正确讲述物品的摆放标准				

表 1－6　评价表 3

1	铺床前准备工作				
2	甩单				
3	包角				
4	入被芯（铺毛毯）				
5	套枕套				
6	整理床面				
7	将床推回原位				

表 1－7　评价表 4

1	客房设计与主题吻合，主题突出				
2	具有创新性，可操作性强				
3	组员分工协作、参与度高				
4	整体效果好				

案例分享

2012 年 7 月 20 日，大堂副理接到 RM3009 房客人的投诉，其称之前告知客房服务员不要拔取房内的取电卡。客人两天后回店发现房间内的取电卡被拔取，而他饲养在房间的一缸鱼已经有一半死亡，余下的情况也不太乐观。客人对此事非常不满，并要求赔偿。

处理过程：

（1）大堂副理立即向客人致歉，表示会跟进此事并尽量满足客人提出的要求。

（2）大堂副理向总经理和前台经理汇报此事及客人提出的要求。

（3）大堂副理致电客人，表明酒店可替客人购回损失的鱼类品种，客人对此处理结果表示接受。

改进措施：

（1）规范工作程序，对客人提出的要求做好记录，落实并做好跟进工作。

（2）加强普通员工的培训，工作时务必细致，避免因一时的疏忽大意引起客人的投诉，造成酒店的损失。

思考与练习

（1）作为住客，你期待所入住的各星级酒店的客房是怎样的？

（2）你能找出图（图1－47a、b）中客房的各种功能区域吗？

图1－47a

图1－47b

（3）铺床操作过程中的注意事项有哪些？

（4）个性化客房应从哪里入手布置？

（5）8月21日，大堂副理接到RM2501房客人的投诉，客人称她的男朋友使用酒店提供的剃须膏后，面部出现红肿反应。大堂副理向客人致歉，并询问客人是否需要到医院检查，客人称不必，她已自行购买消炎药膏涂抹。请你分析该案例存在哪些问题？应如何为客人解决问题？

（6）2012年5月18日，大堂副理接到RM1905房客人的投诉：其当天下午3点左右通知管家部打扫房间，之后离开房间，但到晚上与朋友一同回到房间时发现完全没打扫过，令其在朋友面前十分尴尬。请分析，以上案例存在什么问题？应如何解决？

学习情境二

客人住店期间的客房清扫整理

学习目标

1. 能熟记主要房态的英文简写，清楚不同情况下客房的清扫顺序和整理要求；
2. 能熟悉客房的工作程序，会使用吸尘器，按照规范清扫客房；
3. 能按照服务基本原则和基本要求进行服务；
4. 在教师指导下，能分解客房清扫的各个程序，进行基本技法训练；
5. 学会处理清扫中的常见问题；
6. 通过学习，同学间能形成良好的沟通与协助关系，培养团队合作精神。

情境导入

广州华厦大酒店位于美丽的珠江江畔，交易会期间开房率急升，住客非常多。这天，服务员小张上班后，主管通知她1208房的客人要求立即打扫房间，请她准备好工作车到房间清扫。

任务描述

模仿酒店的工作情境，以小组为单位，设计一个故事案例，进房为客人进行卫生清扫整理工作。要求操作规范，任务完成后能达到客人的要求，符合客房操作标准。整个实施过程由教师全程录像，各组须全组参与，分工合作，并作成果展示汇报。

任务内容

- 不同房态的清扫顺序和整理要求；
- 为客人服务的基本原则和基本要求；
- 各种房态客房的清扫程序和方法；
- 客房清扫程序的分解练习；
- 清扫中常见问题的处理；

◆客房常用设备的使用与维护保养。

教学流程：

（1）明确任务：以小组为单位，完成一间住客房的清洁整理，具体看任务书。

（2）获取信息：查阅及收集与本任务有关的资料，进行整理、备用。

（3）计划与实施：以小组为单位，分析、讨论有关资料，拟定方案并组织实施。

（4）成果展示：各组展示本组成果并派代表讲述方案，要求主题明确、立意鲜明。

（5）评价与反馈：小组自评、互评及教师点评，并及时反馈意见给大家。

（6）总结与反思：总结优点及不足，改进优化。

任务准备

◆教材学材：教材、自编工作页。

◆媒体教具：手提电脑、视频、PPT、照相机。

◆工具设备：工作车、客用易耗品、床上用品（床单、枕套、毛毯、床罩等）、清洁篮、吸尘器、工作日志、学习评价表等。

◆学习环境：一体化多媒体课室、仿真标准客房实训室。

◆检查学生仪容仪表、制服的穿着情况。

任务实施

项目1：根据住客要求进行房间的清扫整理

▲创设情境：广州华厦大酒店位于美丽的珠江河畔，交易会期间开房率急升，住客非常多。这天，服务员小张上班后，主管通知她1208房的客人要求立即打扫房间，请她准备好工作车到房间清扫。假如你是小张，你会如何进房为客人清扫？

▲讨论：清扫时遇到客人在房间，如何按礼仪规范与客人沟通交流？

▲视频播放：如何进行住客房清扫和整理，有什么注意事项？

▲教师通过视频、案例导入等方式，用引导文法让学生明确清扫前要先核实房态，确定清扫顺序，了解住客的清扫要求。

▲让学生清楚不同房态有不同的清扫要求。

▲准备工作车，训练学生能讲述工作车内的工具材料。

▲技能实训：仿真标准客房实训室，分小组、分环节进行客房八大程序的清扫练习，学会填写工作日志。

▲小组间的成员互教互学，适当进行小组竞赛，教师巡堂指导，并将学生实训的情景拍下来。

▲通过学生的实训录像回播，让学生观摩和找对错，引导学生分析出现的各种问题，并讲述常见问题的正确处理方法。

项目2：客房清扫演绎

▲教师通过图片、视频案例等展示方式，用引导文法让学生知道正常情况下，客房、

卫生间应每天全面整理一次，如遇“请勿打扰”标志，按相关程序进行处理。

▲各组抽签分配任务，设计一个故事情节，将“进、撤、铺、抹、洗、补、吸、检”清扫环节融入故事里，进房为客人进行卫生清扫工作。

▲各组搜集相关资料，讨论分析，写出各组的演绎方案。

▲在学校仿真客房实训室，各组演绎各自的方案，要求注意操作安全，并且全程拍摄。

▲各组进行成果展示，展播学生演绎视频，并派代表讲述本组活动的方案。

▲评价反馈：小组自评、互评，教师点评，并及时反馈意见给大家。

▲总结与反思：总结优点及不足，改进优化。

具体任务安排见表 2－1 和表 2－2。

表 2－1　任务实施表 1

1	清洁工作车	使用抹布清洁工作车内外	无死角，干净卫生
2	挂好垃圾袋和布草袋	将干净的垃圾袋和布草袋挂在工作车的两侧	摆放整齐，不脱扣
3	配备车上用品	将消耗品、备品配置放到工作车上	摆放规范、整齐，数量齐全
4	配置清洁篮	清洁用具放进清洁篮内	分格放置
5	检查吸尘器	检查部件是否齐全，接口、电线有无问题	正常运作

表 2－2　任务实施表 2

1	进	按规程进入房间，打开房门，挂“正在清洁”牌，登记入房工作时间，进房拉开窗帘	通报身份，符合规范
2	撤	收走房间内垃圾、客人用过的杯具、床单等脏布草；收走卫生间内垃圾、“四巾”等脏布草	细致检查，无夹带其他物品
3	铺	按程序铺床	床面整洁，符合规范
4	抹	按环形路线对房间的家具、设施、设备依次擦拭	边擦拭边检查，符合从上到下、干湿分开的基本方法要求
5	洗	按程序清洗卫生间	符合规程，无毛发、无异味
6	补	按数量和标准补充客用品	注意摆放位置，数量合乎规格，美观、整齐
7	吸	用吸尘器清洁地面	从里到外，顺毛吸，注意边角位和床底下
8	检	检查有无漏项，退出后登记完成时间	准确填写登记工作日报表

相关知识

一、客房清洁保养工作描述

客房是酒店向客人提供的住宿、休息、工作和进行社交活动的场所。客房的室内外是否清洁、服务项目是否齐全、客房服务是否周到、室内设施物品是否齐全完好、装饰布置是否美观大方等客房产品质量是客人和公众衡量酒店质量的重要依据，而且直接影响酒店的对客服务质量。而在众多的依据中，客房是否整洁干净是客人选择饭店住宿的首要条件。世界清洁卫生行业最大的国际性协会——美国国际清洁卫生协会（ISSA），用英文字母 SHAPE 来表示清洁的特性。S：Safety（安全），即清洁能带来安全卫生；H：Health（健康），即清洁能带来健康；A：Appearance（外观），即清洁代表了外貌美观，如建筑物表面；P：Protection（保护），即清洁能给建筑物或设施、设备以保护，同时，清洁有利于环保；E：Economic（经济实用），即清洁能减少浪费，降低成本消耗。

因此，作为客房服务员，首要的任务就是做好客房的清洁卫生工作，掌握最基本的清洁规程和操作技能，正确使用清洁器具。

客房的清扫整理包括清洁卫生与维护保养，客房的清洁卫生工作主要由客房卫生班服务员来完成。卫生班服务员每天的工作任务包括：

（1）上班后到服务中心签到并领取万能钥匙，认真阅读部门张贴在服务中心的有关通知。

（2）参加由当日的所属区域主管主持的卫生班前会。

（3）领取卫生工作日报表，了解房态。

（4）把布草车推至需清洁的房间门口摆放，并把吸尘机摆放于布草车的右侧。

（5）按操作规程打扫房间卫生。

（6）房间设备有损坏，地毯、墙纸有污渍应立即报告主管或领班。

（7）对一般的维修项目，随时发现随时报告，并做好记录。

（8）每开始清洁一间房以及做完后，必须在工作日报表上填写准确的时间。

（9）服从调度安排，及时完成急需清洁的房间。

（10）要注意布草车的整洁，吸尘机不能随处乱放，不能同时打开两间房门来搞卫生。

（11）布草不能满出布草袋，备品柜上不能摆放杯具，每清洁完三至四间房即进行撤车、补车工作。

（12）撤换杯具并将之清洗消毒入套，摆放于指定位置。

（13）清洁、整理工作完成后应把布草车拉回布草房（布草袋应定期进行清洗）。

（14）把吸尘机擦干净后拉回储藏室，按要求摆放好。

（15）叠布草，补充布草车。

（16）把工作间打扫干净，纸皮箱和废品应分开并整齐摆放。

（17）完成主管安排的计划卫生工作。

（18）签退并向服务中心交回万能钥匙。

二、客房的日常清洁整理

服务员在工作中应具备安全意识、服务意识、环保意识、创新意识和团队合作意识，掌握并能熟练运用相应的业务知识和服务技能，热情、有礼、主动、周到地为客人提供入住后的服务，同时完成每日的清洁客房工作。客房服务员的日常清洁整理包括岗前准备工作、清洁整理客房、保养维护客房设施、设备等环节，以保证客房物品能正常出租和延长使用寿命。

（一）清扫前的准备工作

1. 整理仪容仪表，签领工作钥匙

服务员上岗前应整理仪容仪表，按要求穿着工装，化淡妆，到客房服务中心签到，认真阅读部门张贴在服务中心的有关通知，参加区域主管主持的班前例会，领取工作钥匙并做好记录。

2. 了解、核查房态

领取当天的工作日报表及交班表，了解、核查房态（房态指客房的状态，每天处于动态变化中），以确定当天的客房清扫顺序。酒店的房态一般采用英文缩写的形式，常见的有以下几种，如表 2－3 所示。

表 2－3　酒店房态表

住客房	Occupied（OCC）	客人正在租用的房间
走客房	Check-Out（C/O）	客人已经结账并离开的房间
请勿打扰	Do Not Disturb（DND）	住客不愿被服务人员或其他人打扰
贵宾房	Very Important Person（VIP）	住客是酒店的重要客人
请即打扫	Make Up Room（MUR）	需要立即打扫的房间
外宿房	Sleep-Out（S/O）	该客房已被租用，但客人昨夜未归
无行李	No Baggage（N/B ）	住客无行李
轻便行李	Light Baggage（L/B）	住客行李很少
不用打扫	No Need Service（NNS）	住客提出无须清洁整理
空房	Vacant（V）	指昨晚暂时无人租用的 OK 房
长住房	Long Staying Guest（LSG）	被客人长期包租的客房
预退房	Expected Departure（E/D）	住客不续住，预期当天 12 时前退房

（续上表）

加床房	Extra Bed（E）	该客房有加床
自用房	House Use（HU）	住客为本饭店人员
已清扫房	Vacant Clean（VC）	客房已打扫完毕，可重新出租的 OK 房
未清扫房	Vacant Dirty（VD）	住客已结账离开，但尚未清扫
维修房	Out of Order（OOO）	设施、设备有故障需要维修，暂时不能出租

3. 确定客房清扫顺序

（1）常规客房清洁整理的顺序：前台指示要打扫的房间→挂有“请即打扫”牌的房间或客人口头要求打扫的房间→走客房→贵宾房→住客房→其他住客房，如长住房、请勿打扰房、空房等。

（2）旺季时的客房清洁整理顺序：前台指示要打扫的房间→空房→走客房→挂有“请即打扫”牌的房间或客人口头要求打扫的房间→贵宾房→住客房→其他住客房，如长住房、请勿打扰房等。

需要注意的是，住客房清扫应尽量在客人最方便的时间进行，如趁客人外出时，对于14：00 仍挂着“请勿打扰”标志牌的住客房，应通过电话询问，按相关程序进行处理，以免客人发生意外。

4. 准备房务工作车

房务工作车是客房服务员清洁整理房间的主要工具，工作车整理的基本要求为清洁整齐、物品摆放齐全、清洁剂和清洁工具充足。房务车一般在前一天下班前准备好，在进行客房清扫前应再检查一遍，如发现物品短缺，应及时补齐，如图 2 – 1 所示。

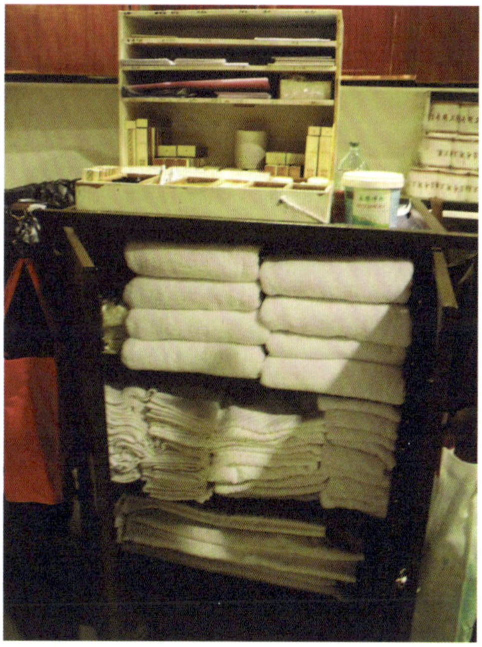

图 2 – 1

（1）清洁工作车。在工作间用半湿的抹布将空置的工作车内外擦净后抹干，并检查有无损坏现象，使用是否灵活，如有问题应及时修理。挂好垃圾袋和布草袋。将干净的垃圾袋和布草袋挂在工作车的两侧，并扣紧搭扣，分别用于放置客房内撤出的垃圾和脏布草。

（2）备齐房务工作车上的物品，主要分为上中下三层和左右两侧，具体布置如下所述：

上层的物品：主要是客用消耗品，包括沐浴液、洗发水、香皂、牙膏与牙刷、剃须刀、浴帽、茶叶包、咖啡与咖啡伴侣、火柴盒、信纸、信封、铅笔、擦鞋布、针线包、报纸、地图、酒店各种宣传印刷品等。

中层的物品：浴衣、浴巾、面巾、方巾、地巾、卷纸等。

下层的物品：床单、被罩、枕套等。

需要注意的是：有些用品不能混叠，如香皂不能与茶叶放在一起，以免茶叶变味。各饭店根据自身的实际情况，都会规定好不同物品的摆放位置，做到统一规范。

（3）最后将清洁篮放在工作车底层的外侧，专用清洁篮通常分为四格，以分别摆放不同用途的清洁工具和清洁剂。常用清洁工具有：海绵、浴缸刷、恭桶刷、胶皮手套、抹布等；常用清洁剂有：多功能清洁剂、恭桶清洁剂、地毯去渍剂、消毒剂等。所有用品应整齐地放在清洁篮内。

准备房务工作车时有如下注意事项：①保持工作车整洁、完好；②各种物品按规定位置摆放整齐、美观；③挂钩不能脱落；④布草单口朝外，方便取用；⑤清洁工具须分区摆放；⑥工作车推至规定的位置。

5. 准备清洁工具

吸尘器是客房清扫中必不可少的清洁工具。使用前要检查各部件是否齐全配套，各接口是否严密，有无漏电、漏气现象，如有问题要及时修好，并检查吸尘袋内的灰尘是否已经倒掉，保证吸尘器的正常使用。最后，将房务工作车和吸尘器推到将要清扫的区域，开始当天的清扫工作。

（二）客房的清扫

1. 客房清扫的基本方法

（1）从上到下。用抹布擦拭房内设备物品时按照从上到下的顺序进行擦拭。

（2）从里到外。卧室地毯吸尘和擦拭卫生间地面时，应从里到外倒退着进行。

（3）环形整理。家具物品的摆设是沿房间四壁环形布置的，因此，在擦拭和检查设备用品时按照顺时针或逆时针的顺序做环形整理，以避免遗漏死角，并节省体力。

（4）干湿分开。擦拭不同的家具设备及物品的抹布应严格区分使用。如灯具、电视机、床背板、墙角线、金属把手等需要用干抹布擦拭；在擦拭玻璃板、镜面时要先湿后干。

（5）先卧室后卫生间。住客房按先卧室后卫生间的顺序打扫，以便客人外出回来有可休息的地方；走客房可按先卫生间后卧室的顺序来打扫。

（6）注意墙角。墙角是灰尘容易积存的地方，要注意清扫。

2. 不同房态客房的清扫要求

（1）简单清扫的房间：空房、保留房属于这类客房，一般只进行通风、擦尘、吸尘和放掉水箱、水龙头积存的陈水等工作。

（2）一般清扫的房间：主要针对外出保留房和长住房。

（3）彻底清扫（大整理）的房间：主要针对住客房和走客房。

3. 走客房的清扫

将房务工作车横放在客房门口，工作车开口朝向客房。调整好位置，用工作车堵住房门，但不要靠牢墙壁，以防撞坏墙面。一般留一人侧身能通过的距离即可，如图 2－2 所示。

图 2－2

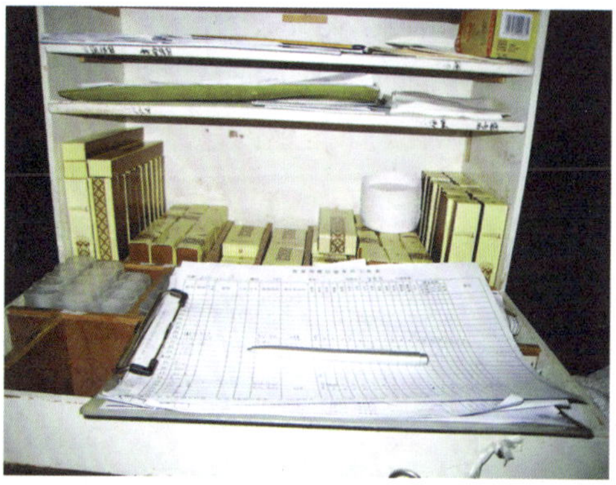

图 2－3

走客房清扫八大程序：进、撤、铺、抹、洗、补、吸、检。

（1）进：

按敲门程序敲门，留意房间内反应，然后开锁并轻轻将房门推开，打开房门后，把“正在清洁”牌挂入门锁把手上，并马上填写开始清洁房间的时间，如图 2－3 所示。进房后将房门敞开，直到该客房清扫完毕。开门作业的目的是：显示房间处于工作状态；通风换气；避免意外发生。如图 2－4 至图 2－6 所示。

图 2－4

图 2－5

图 2－6

（2）撤：

①进入房间，插上取电卡，拉开窗帘、窗纱，将房间所有灯关上，把空调出风调至最大，温度调至最低，如图 2－7 所示。

②依次将衣柜、行李柜、电视柜、杯柜、书台、床头柜等处客人用过的物品撤走，将电热水壶、冰桶及客人饮用过的饮料、杯具、烟盅拿到卫生间，倒掉剩水及垃圾，把脏杯具放入杯筛中，如图 2－8 所示。

③撤床笠（床单）、被套，仔细检查是否有夹带客人的物品，将脏的布草卷好放进脏布草袋内，如图2－9所示。

④进卫生间将客人用过的一次性用品收走，用过的布草逐条打开检查是否夹带其他用品，将脏布草放进布草袋内，另外将方巾及枕袋放入特制的布草袋内，如图2－10和图2－11所示。

图2－7

图2－8

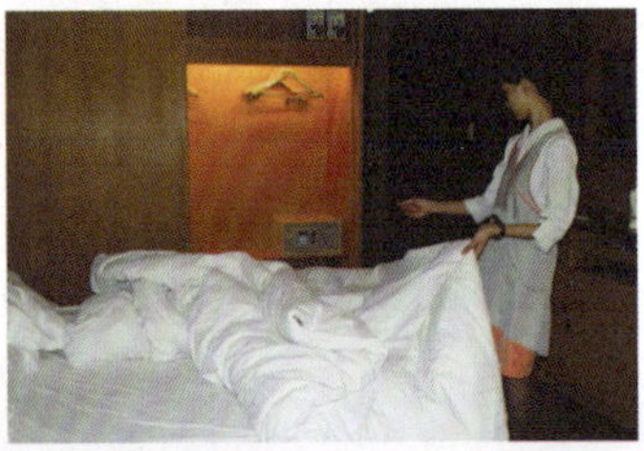

图2－9

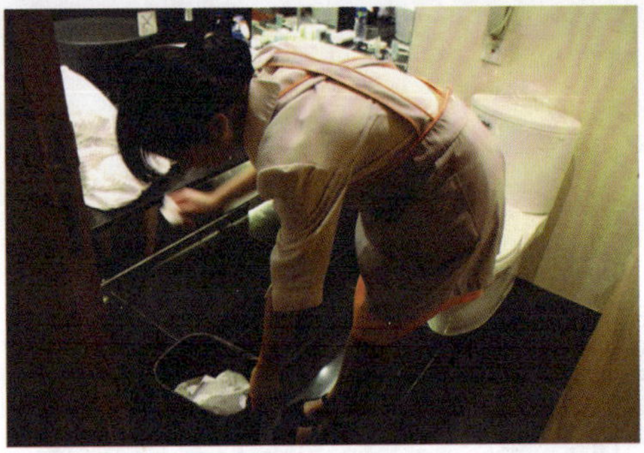

图2－10

图2－11

（3）铺：

①换上干净的床上用品，人站在床尾处。按左上、左下、右上、右下的顺序先铺好床笠或床单，如图2－12所示。

②套好羽绒被：把被套打开平放在床上，依次将羽绒被的四角套入被套内，理顺后平铺于床上，床头部分翻出长度约45cm，与床头柜持平。

③套好枕套：抖开枕套平放，把羽绒枕芯压平，套入枕套内，整理好四角，斜角45度角，放在床头中间，如图2－13所示。

④检查整张床是否平整、床与床头板位置是否一致。注意所有布草是否有污渍，如有则随时更换，如图2－14和图2－15所示。

图 2 - 12

图 2 - 13

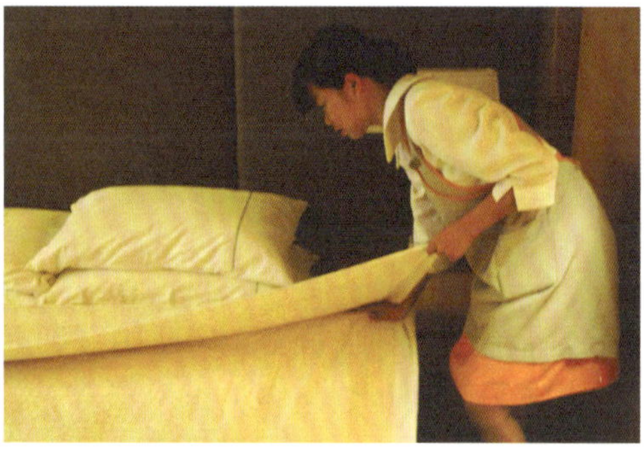

图 2 - 14

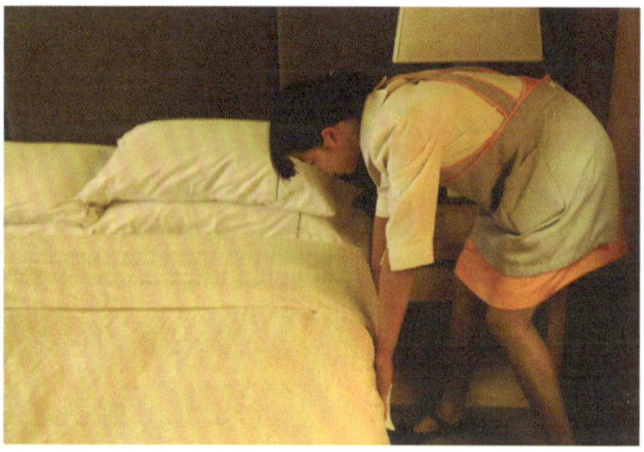

图 2 - 15

（4）抹：

①手持干、湿抹布各一条，抹尘路线从大门开始依次为大门、衣柜、行李柜、电视柜、杯柜、小食柜、冰箱、书台、镜画、窗框、角几、扶手椅、床头柜、挂画（注意摆正位置）、全身镜，如图 2 - 16 至图 2 - 19 所示。

②抹尘过程遵循顺时针方向、从上至下、从里到外的原则，且抹布大小适中，不要拧成一团，在抹尘过程中要清点并记住需补充的物品。

图 2 - 16

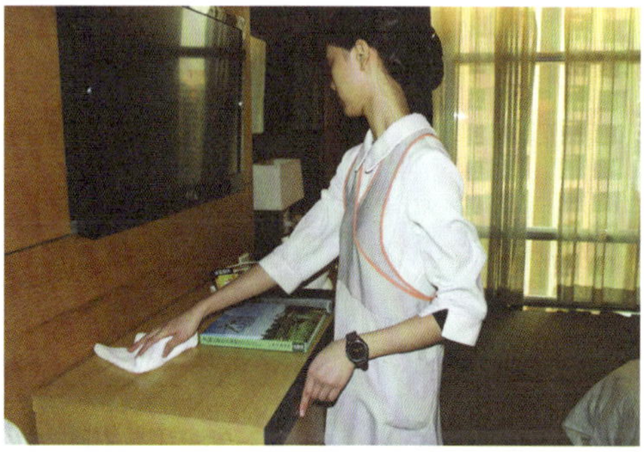

图 2 - 17

图 2 – 18

图 2 – 19

（5）洗：

①戴上手套，先用清洁剂喷向洗手盆、浴缸内，用百洁布洗刷洗手盆内外，再用清水冲洗干净，然后擦拭浴缸，同时需擦洗浴缸上方的瓷片，再用清水冲洗干净，如图 2 – 20 和图 2 – 21 所示。

②换上另一副手套用清洁毛球清洗坐厕内壁，然后冲洗干净，用另外一块百洁布清洁坐厕盖板的正、反面，坐厕外侧、底部，并用清水冲洗干净，如图 2 – 22 所示。

③用一条抹布抹干洗手盆、浴缸、墙身、云石台，用另一条抹布抹坐厕内外及卫生间地板，用镜布抹干净镜上的水渍，如图 2 – 23 所示。

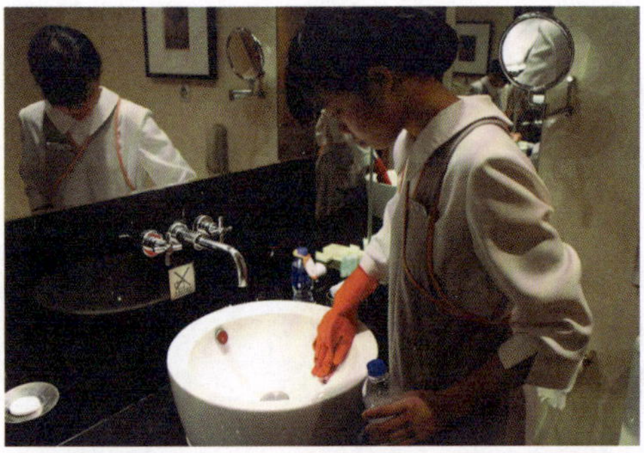

图 2 – 20

图 2 – 21

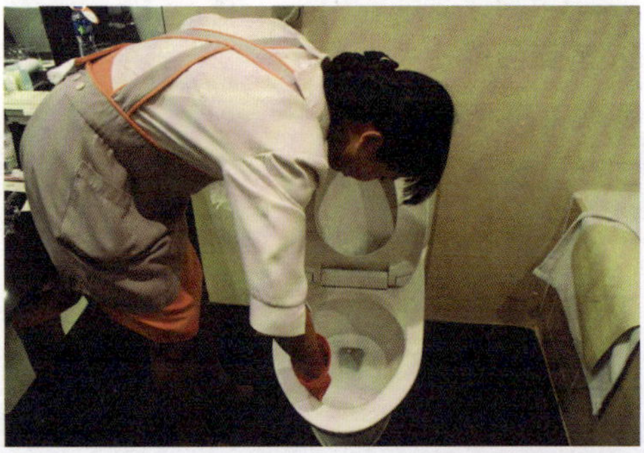

图 2 – 22

图 2 – 23

（6）补：

按规定及标准补入客人用过的物品。

①卫生间物品：凡客人用过的巾类、洗漱用品、卷纸、面纸、垃圾袋等，如图 2－24 所示。

②房间物品：凡客人用过的茶叶、咖啡、矿泉水、火柴、杯具、拖鞋等，还有迷你吧内的饮料等，如图 2－25 至图 2－27 所示。

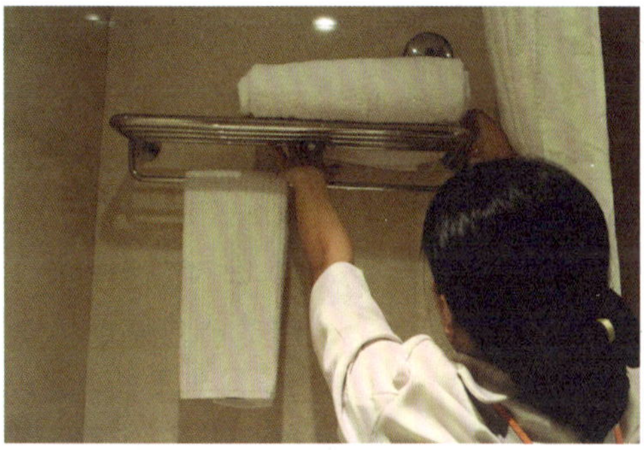

图 2－24

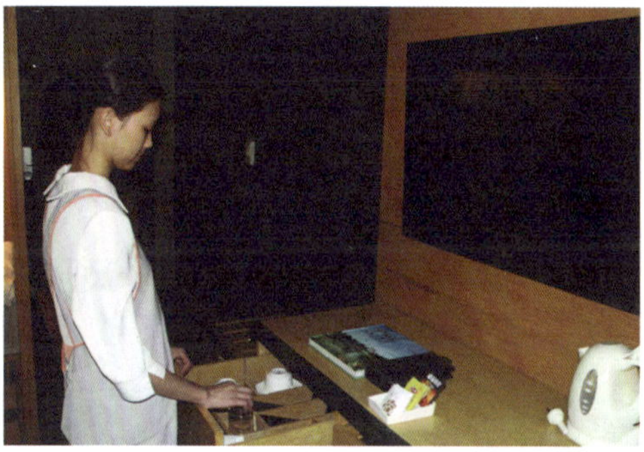

图 2－25

图 2－26

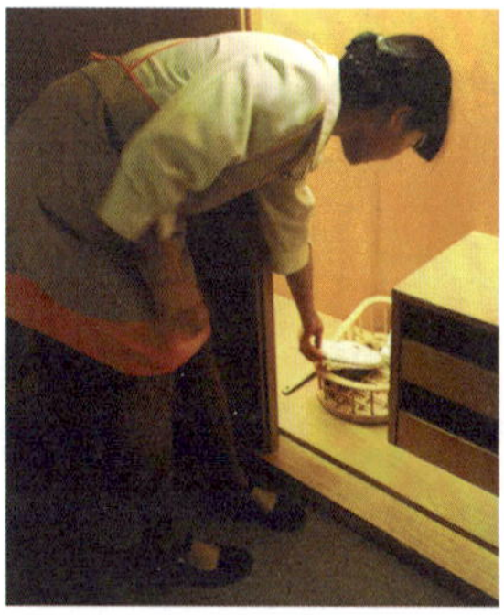

图 2－27

（7）吸：

①将吸尘器电源线插好，然后将其拉入房中，由里向外，依顺序先吸窗台边、扶手椅下、床头柜，接着是书台底、行李柜与墙之间的缝隙，搬开能移动的家具，以便把家具底下的灰尘吸干净，如图 2－28 至图 2－31 所示。

②房间吸完后再吸卫生间，吸卫生间地面时，要把耙头上的毛刷转换开关打开，使吸尘器耙头不直接接触地面。

图 2－28

图 2－29

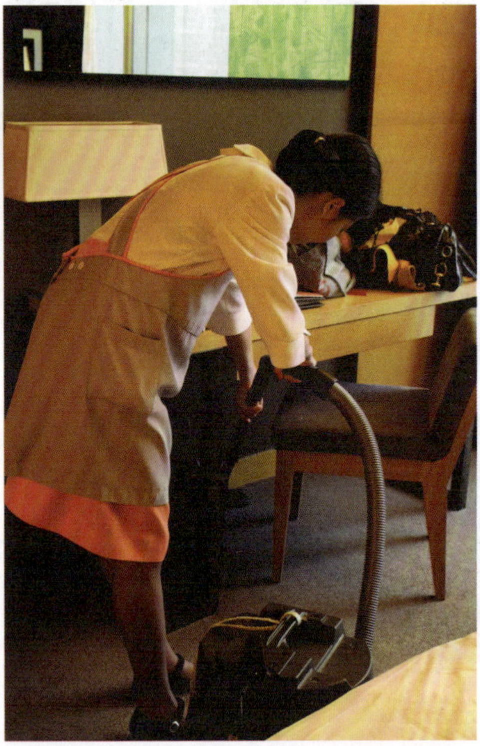

图 2－30

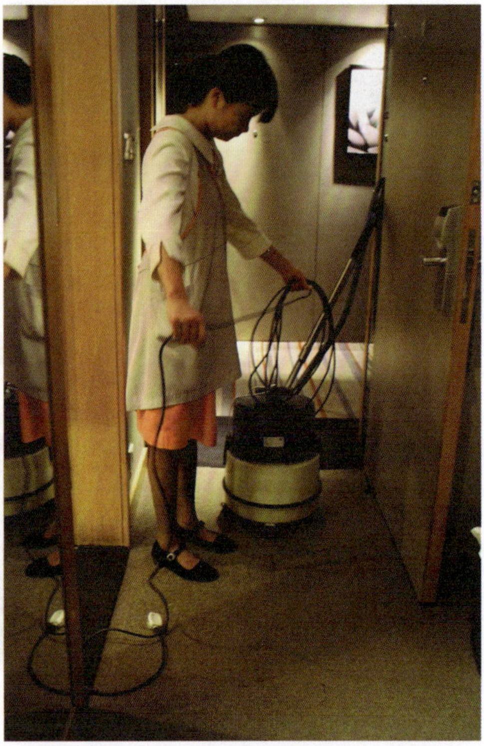

图 2－31

（8）检：

①房间：检查设施、设备及配置物品是否齐全、完好无缺，注意是否有漏整理的部分，空调有无调到规定的位置，垃圾桶内有无杂物，电话是否按要求摆放好、有无电流，窗帘、窗纱是否脱钩、有无污渍，灯具是否亮等，如图 2－32 至图 2－35 所示。

②卫生间：云石台上的物品是否补充齐全，巾类摆放是否符合摆放要求，电话是否有电流，洗手盆、浴缸内有无水滴及头发，清洁用品及工具、抹布有无遗留于房间，检查完后喷洒清新剂，将走廊灯调至“开”的状态，然后拔出取电卡，轻轻关上门，取下清洁牌，在工作表上记下完成工作的时间。

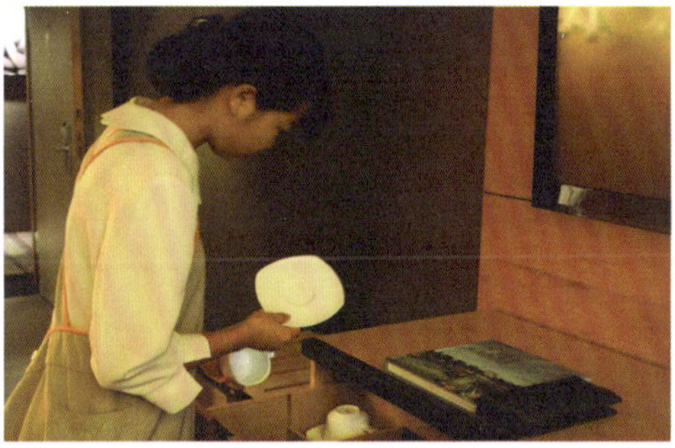

图 2－32

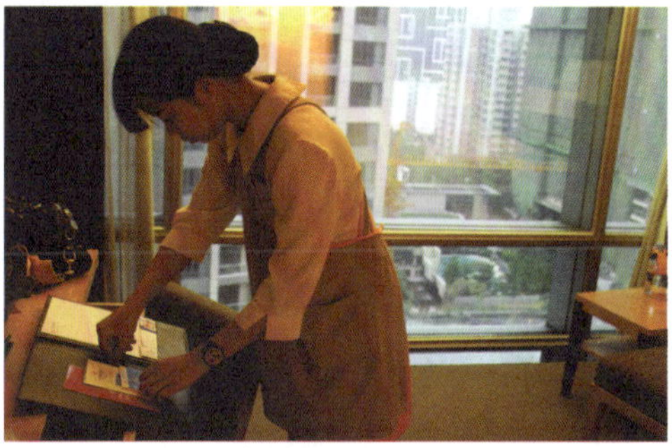

图 2－33

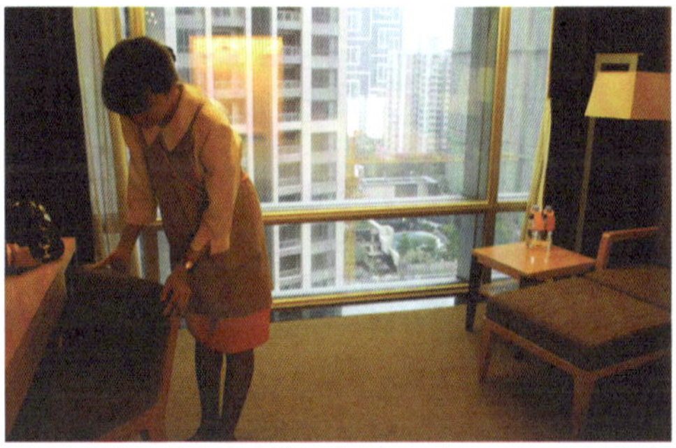

图 2－34

图 2－35

4. 住客房的清扫

住客房日常的清扫工作主要由三部分组成：大整理、小整理和晚间开夜床。

（1）普通住客房的清扫。

住客房的清扫大致与走客房的清扫程序相同，也属于大整理，清扫住客房应注重以下细节：

①进房前，应特别留意房门上是否挂有“DND”牌，或房门上有无亮“DND”指示灯。

②敲门进房时，若发现客人在房内，应首先征求客人意见：“先生/小姐，现在打扫房间，可以吗？”客人同意后，才可清扫，操作时动作要轻，速度要快，要有礼貌，影响客人时要道歉。如客人不同意清扫，应记下房间号和客人要求清扫的时间。

③收集垃圾时，除放在纸篓里的东西、饭店配置的已使用过的一次性消耗品及明显的果皮杂物外，客人的其他东西，如空矿泉水瓶、过期的杂志、未吃完的水果等，均不可当作垃圾处理。

④整理床铺时，对于放在床上或搭在沙发上的衣服，如不整齐，可帮客人挂到衣橱内，睡衣、内衣也要挂好或叠好放在床上。女宾住的房间需要小心，不要轻易动其衣物。

⑤抹尘、擦衣橱时，只搞大面积卫生即可，尽量不打开擦内侧；擦写字台时，尽量不擦抽屉，以免客人回来看到产生误会。

⑥清扫时如遇到客人的文件、物品、杂志等很混乱，应稍加整理，但不要弄错位置，文件等不要翻看（有些饭店规定不准动客人的物品）。

⑦擦拭行李时，一般不挪动客人的行李，只擦去浮尘即可。

⑧对客人的物品（尤其是贵重物品，如照相机、笔记本电脑、摄影机、重要文件等）不要随意摆弄。

⑨撤换卫生间的物品时，切不可把客人自己的物品夹带出来。

⑩卫生间女性用的化妆品，可稍加整理，但尽量不要改变位置，即使化妆品用完了，也不要将空瓶或空盒扔掉。

⑪清洁云石台面时，要注意不要弄乱和弄坏客人的物品。

⑫住客的卫生间清洁完毕后，无须喷洒消毒剂。

⑬房间清扫完毕后应向客人表示谢意，然后礼貌地退出房间，轻轻将房门关好。

⑭客人若有特别的嗜好或特殊的要求，应记下，之后按客人的要求去做。

清扫住客房时有如下注意事项：

①如果客人在房内，除了必要的招呼和问候外，不应主动与客人闲谈。客人让座时，应婉言谢绝。不得影响住客的休息和在房内的其他活动。

②注意了解客人的习惯，保护客人的隐私，满足客人合理的要求，如应客人要求为其拍照留念等。

③在清洁整理客房时，遇到客人回房，要主动打招呼问好，并征求意见是否继续清扫。

④不得享用客房内的设备用品，不得在客房内休息。完成工作后应即时离开客房，不得在客房内滞留。

⑤不能让闲杂人员进入客房。如果客人中途回房，服务员也需礼貌地查验住宿凭证，核实身份。

⑥讲究职业道德，不得将客用布件作为清洁擦洗的用具。

⑦清扫过程中如不小心损坏客人的物品，应如实向主管反映，并主动向客人赔礼道歉，如属贵重物品，应由主管陪同前往。若客人要求赔偿，应根据实际情况，由客房部出面进行赔偿。

⑧不得使用或接听住客房内的电话，以免发生误会或引起不必要的麻烦。

（2）VIP 房的清扫。

清扫 VIP 房时应注重以下细节：

①贵宾房的清扫属于大整理。

②贵宾房的大整理工作及贵宾服务工作应由中级以上客房服务员（包括中级服务员）来完成。

③贵宾房所使用的布草最好全部是新的，有些五星级饭店，在向重点贵宾提供信纸、信封、浴衣时，印上客人的名字，表示归其专用。

④清洁完毕的贵宾房要经得起检查。

⑤清洁贵宾房的服务员知识面要广，英语要好，自身业务能力要强，个人修养要好。

⑥为客人提供的用品、用具应安全、有效。

⑦为宾客清洁客房前，服务员要检查个人卫生、仪表仪容是否符合要求，清洁过程中应讲究礼节、礼貌。

⑧如果是豪华套房，应多设两名服务员清洁，以免客人外出回来时影响宾客的休息。

⑨客人的物品只要不是扔在垃圾桶内的，一般都不能将其当垃圾处理掉。

清扫整理贵宾房时有如下注意事项：

①贵宾房间的清洁整理，在时间安排上要特别注意，原则是及时、方便。通常要求一旦客人外出，就应及时进行清洁和整理，保证客房始终处于清洁、整齐、美观状态。

②客房用品要及时更换。无论饭店档次高低，贵宾房间的床单、枕套、被套、毛巾等每天都必须更换和补充，以此来体现饭店对宾客的礼遇规格。

③客房内增配的物品要按贵宾接待的有关要求和标准更换或补充。

④对特别重要的贵宾，客房清洁整理要安排专人负责。

⑤清洁贵宾房不应受时间所限，除特殊情况外，卫生质量应放在第一位。

⑥清洁时注意房内陈列的艺术品。

⑦除尘后，应对贵宾房内的豪华硬木家具进行打蜡，用省铜剂擦拭铜器。

⑧贵宾房的卫生间需放置豪华包装用品、用具。

⑨卫生整理后，应向房间喷洒客人喜欢的空气清新剂。

（3）房间小整理。

小整理是针对住客房的 VIP 房和高档次客房而言的，让高端客人感受到酒店的优质服务和服务规格，让房间始终处于一种清新、舒适、干净的整洁状态。房间小整理一般在客人外出后由客房服务员对其房间进行简单的整理。具体做法如下：

①拉开窗帘，整理客人午睡用过的床铺。

②清理桌面、烟灰缸、垃圾桶内和地面的杂物，注意有无未熄灭的烟头。

③撤换客人用过的杯子，补充茶叶，增添冷热水和其他物品。

④简单整理卫生间，并更换客人用过的毛巾。

⑤调整室内温度。

（4）晚间开夜床。

晚间开夜床服务，是客房小整理的一种，该项服务一般在晚上 6：00 左右或客人外出吃晚餐时进行，目的是为了给客人营造一种晚上就寝前的气氛，其工作内容一般包括整理房间、开夜床、整理卫生间三部分，如图 2－36 所示。客房晚间开夜床的工作程序及具体要求如下：

图 2－36

①中班开夜床之前准备好工作车以及阅读早班的交接情况，补好干净的布草和物品。

②晚上6：30开始开床（各酒店间会有差异），由中班领班打印好房态送至楼层，并交代特别事项及当日的VIP。

③进房先敲门，敲门两次，每次三下并报称“服务员”。

④按门铃，按铃时清晰地报称“服务员”，等客人反应后再用适当的报称，不要东张西望。

⑤听到客人有回应，服务员应说：“我是客房服务员，请问我现在能进来帮您开夜床吗?”并等客人开门，如果房内没有反应，服务员才能使用房卡打开门，并同时报称“服务员”。

⑥在开门过程中，发现绿灯亮方可开启，开门时应轻轻推至门吸处为止。

⑦打开房门后把“正在清洁”牌挂在门的拉手上，轻轻摆放稳，然后巡视一遍房间，以确定房间是否有人或其他特殊情况。

⑧在工作表上认真填写开夜床的时间，以确保原始准确性。

⑨先拉拢窗帘，保证中间无缝隙并要有平整垂直的感觉。

⑩发现房间有用过的水杯，应换上干净的杯具；有用过的烟灰缸就及时拿到洗手盆里面清洗干净再放回原处。

⑪开夜床。将被子向后折成一个呈30度角的三角形（也有折成45度角的做法），将枕头摆在床头中间，枕头要饱满，四角要坚挺。

⑫开完夜床后检查被套上是否有污迹，并将被套拉平。

⑬将电视遥控器摆放于床头柜开夜床的一边，并拿出宾客意见表，摆放在旁边。

⑭从床头柜里面拿出拖鞋，根据房态表的人数决定开几张床，如果是两张床则拿两双拖鞋，可摆放在与开床处呈一条直线的地毯上。

⑮整理洗手间。将浴帘拉开一半，靠座厕一边，将防滑垫放在浴缸里面，将地巾摆在淋浴间门口，将洗手间的恭桶盖打开一层，保证上面无尿渍、水渍，从衣柜拿出浴袍挂在门后。

⑯如果有客人用过浴缸，则应用清洁剂冲洗干净，并换上干净的布草；用过的恭桶则应用一条抹布抹，不要跟其他抹布混在一起，以确保符合卫生标准并补充其他物品。

⑰整理完洗手间后，巡视房间，自我检查一遍是否有遗留清洁用品在房间，不要关灯。

⑱检查房间及卫生间的物品是否齐全、客人是否消耗酒水及小食，保证各种物品齐全、摆放整齐，床铺要平整、美观。

⑲用手轻轻把门关上，在报表上记下完成工作的时间。

5. 空房的清扫

空房因暂时无人居住，而又处于一种可随时出租的状态，服务员每天只需作简单清扫即可。

（1）每天进房开窗、开空调进行通风换气。

（2）每天用干布除去家具、设备及物品上的浮尘。

（3）查看卫生间水龙头是否有锈水，如有黄色的锈水，则应打开水龙头放水1～2分钟。

（4）连续空着的客房，隔几天要用吸尘器吸尘一次。

（5）检查房间有无异常情况，卫生间“四巾”是否因干燥而失去弹性和柔软度，如不符合要求，应及时更换。设施、设备如果有故障，应及时报修。

6. 客房日常清扫中常见问题的处理

（1）如果两间房间同时挂“请即打扫”牌，而此时只有一名服务员时怎么办？

①客房服务员首先应弄清两间房的客人是否都在房内。

②如都不在，按顺序及时整理。

③如都在，询问客人意见，哪一间更急，哪一间先整理，同时要谢谢客人的合作。

④如一间房的客人在，一间不在，客人在的房间先整理。

⑤如果两间房的客人都需要马上整理，及时通知领班调整人手。

（2）当新客已到，而房间尚未清理好时怎么办？

①向客人表示歉意。

②礼貌地向客人作解释。

③向客人表示立即将房间整理好。

④帮助客人先将行李放在房内，然后请客人到大堂稍作休息。

⑤房间整理好后，立即通知客人。

（3）客人中午回店后发现房间未整理，表示强烈不满，怎么办？

①向客人道歉。

②同时作适当的解释。

③征求客人意见是否可以马上整理房间。

④做好记录，以提醒第二天提早整理该房。

（4）整理卫生的过程中，不小心弄坏客人的东西时怎么办？

①应向上级反映，主动向客人赔礼道歉，承认自己的过失。

②如损坏的物品比较贵重，部门经理还应亲自向客人赔礼道歉并征求客人的意见。

③客人如要求赔偿，则应酌情考虑。

（5）发现房间内有大量现金或贵重物品时怎么办？

①如为住房，应及时报告服务中心，听从指令，尽可能避免多次进房。

②如果是走客房或者空房，应及时通知当值主管到场处理。

（6）发现客人损坏房内设备时怎么办？

①礼貌地了解客人损坏设备的原因，保护好现场。

②将此情况报告大堂副理。

③由大堂副理与客人协商索赔事宜。

④客人同意赔偿后，客房服务员开出账单请客人签字认可。

（7）客人向你反映房间设备无法使用怎么办？

①首先应立即到房中实地检查。

②如是客人不会使用，应主动向客人介绍使用方法。

③如属设备故障问题，应向客人道歉。

④征得客人同意后，马上通知维修人员进房维修。

⑤维修完毕，还应询问客人对修理结果是否满意。

（8）如果客人反映床单不干净，需要更换，怎么办？

①向客人道歉。

②入房查看。

③不管床单是否干净，均应及时更换。

④将此情况向领班报告。

（9）不同类型房间的清扫要求有什么不同？

①空房：

只需进行简单清扫或小扫除，主要包括：

a. 根据具体情况每天擦拭灰尘，隔几天吸一次地毯灰尘。

b. 检查设施、设备能否正常使用。

c. 查看卫生间水龙头是否有锈水，如有黄色的锈水，则应打开水龙头放水 1 ~2 分钟。

d. 室内空气不新鲜，应打开窗户换换空气。

②住客房及走客房：

对于有客人住宿的住客房以及客人刚刚结账离店、尚未清扫的走客房，客房服务员都需进行清扫。除此之外，还需整理床铺，撤换脏布草（床单、枕套、浴巾、毛巾等），补充客房用品并全面清扫客房（倒垃圾、倒烟灰缸、擦洗卫生间、整理衣物等）。

③长住房：

客房服务员对长住客人离店后的客房，要进行彻底清扫，进行地毯除污，认真擦洗客房内各个角落、设施、设备。如果发现墙纸脱落或有污损，还应更换墙纸。翻转褥垫甚至撤换窗帘。

④VIP 房：

客房服务员对 VIP 房要进行大扫除，除污、打蜡、抛光，做到窗明几净，没有尘埃。床要铺得整齐、美观，没有折皱，床单上不留任何污迹。

7. 客房的消毒工作

对客人用过的物品等进行消毒，也是酒店卫生工作的一个非常重要的环节。客房茶具、杯具的清洗和消毒在楼层工作间进行，如图 2 -37a、b、c 所示。常见的消毒方法有以下几种：

图 2 -37a

图 2 -37b

图 2 -37c

（1）对茶具、酒具的消毒方法：

①物理消毒法：

a. 高温消毒：

高温消毒可分为煮沸消毒与蒸汽消毒两种。其原理是在高温状态下，细菌体内的蛋白质凝固致其死亡。

煮沸消毒法是将洗刷干净的茶具置于100度的沸水中煮15～30分钟进行的消毒方法。此方法适用于瓷器但不能使用于玻璃器皿。

蒸汽消毒法是将洗刷干净的茶具或酒具等放到气箱中，蒸15分钟进行的消毒方法，此方法适用于各类茶具、酒具、餐具的消毒。

b. 干烤法：

干烤法是通过氧化将微生物细胞原生质破坏，致其死亡的一种消毒方法。目前客房楼层常用的消毒柜多属此类，它是采用红外线照射灭菌的方法进行消毒的。将洗刷干净的茶具放入消毒柜中，然后将温度调至120度，干烤30分钟即可。

②化学消毒法：

化学消毒法能使微生物体内的蛋白质变性，干扰微生物的新陈代谢，抑制其快速繁殖，并且能够溶菌。常用的化学消毒法是浸泡消毒法，必须先把化学消毒剂溶解，同时严格按比例调制好，才能发挥效用。浓度过高则易留下余毒，伤害人体；浓度过低，则达不到消毒的目的。其操作方法是：将洗刷干净的杯具分批放入消毒溶液中浸泡5分钟，然后用清水冲净并擦干。

常用的化学消毒剂溶液有以下几种：

a. 氯胺T纳。适用于客房内各种杯具的消毒，其对金属器皿有褪色和腐蚀的作用。

b. 漂白粉。配置浓度为3‰，搅拌均匀后即可使用。可适用于杯具、水果和棉制品的消毒。

c. 高锰酸钾。配置浓度为0.5‰，可用于各种杯具和水果的消毒，浸泡时间至少5分钟。

d. “84”消毒液：一种高效、无毒、去污能力强的消毒液。能快速杀死甲、乙型肝炎病毒，艾滋病病毒等。配置浓度为0.2%或0.5%，适用于茶具、酒具、家具、水果等的消毒。

（2）客房房间的消毒：

①用药物的水溶液擦拭客房内的设备和家具，以达到消毒的目的。可用化学消毒溶液进行擦拭消毒。

②通风不但可以改变室内的空气环境，而且可以防止病菌和螨虫等滋生，因此要注意改善客房的通风和空调效果，以保持良好的空气环境。注意定期更换空调的滤膜。

③室外日光消毒：利用阳光中的紫外线作用，可以杀死一些病菌。所以，定期翻晒床垫、床罩、棉被，即可起到消毒作用，又可使其松软舒适。

（3）卫生间的消毒：

①喷洒消毒法。可采用化学消毒溶液进行消毒，例如，用浓度为1%～5%的漂白粉澄清液或苯酚溶液，对卫生间的死角或卫生间进行喷洒。但应注意禁止将漂白粉和酸性清洁

剂同时使用，以免发生氯气中毒。喷洒消毒剂以采用快干型为佳。

②紫外线消毒法。此法可用于卫生间的空气消毒，只要安装功率为 30 瓦的紫外线灯管一支，灯距地面 2.5m 左右，每次照射 2 小时，即可使空气中微生物减少 50% ~75%，有时能超过 90%。

任务评价

表 2-4　评价表 1

1	清洁工作车				
2	挂好垃圾袋和布草袋				
3	配备车上用品				
4	配置清洁篮				
5	检查吸尘器				

表 2-5　评价表 2

1	进入房间，登记时间，开窗（帘）等				
2	整理、清倒垃圾，收走脏布草袋				
3	按规范铺床				
4	擦拭房间灰尘				
5	清洁卫生间				
6	补充客用品				
7	吸尘				
8	环视检查，登记日报表				

表 2-6　评价表 3

1	演绎的内容情节合理，清扫符合规范				
2	注重礼仪规范，言行举止得体				
3	组员分工协作，参与度高				
4	整体效果好				

案例分享

2013 年 8 月 23 日 16：30，RM1303 房客人投诉客房服务员随意拿取客人的东西。

处理过程：

（1）客人反映其是昨天中午入住本酒店，入住之后将一封录取通知书摆在书桌上，但今早发现不见了，打电话询问客房部后，在今天中午 12：00 又送回来了。

（2）客人表示非常不理解为什么服务员可以不经客人同意，随便收取客人的台面物品，导致客人全家人都十分不安，客人认为这样的行为实在不应该发生。

（3）大堂副理安抚客人情绪并表示十分抱歉，保证此事不会再发生，并解释可能服务员打扫卫生时，留意到录取通知书是比较贵重的物品，因此作暂时保管，客人表示理解并希望不要再有类似的事情发生。

（4）大堂副理表示会加强服务员的培训，并奉上水果表示歉意。

存在问题：

（1）服务员未经客人同意将通知书拿出房间。

（2）服务员未向楼层主管及服务中心汇报此事。

改进措施：

在今后的工作中应强调交班的重要性，不能随意拿走客人的贵重物品。交接班时应交代清楚各种信息，包括上班次没有完成的工作，不明了的工作应在第一时间提出，不能只是草草完事，需加强服务员的安全服务意识。

思考与练习

（1）在客房清扫工作中如何体现团队合作精神？你对本组人员的工作满意吗？

（2）住客房清扫过程中要注意哪些细节？

（3）客房服务员应具备怎样的素质？

（4）2013 年 9 月 12 日 23：15，RM1318 房客人致电客房中心，要求大堂副理到其房间参观。大堂副理赶到客人房间并向客人问好，客人十分生气地指着烟灰缸里的烟灰和烟头，然后又带着大堂副理到浴室，指着浴缸凌乱摆放的使用过的浴巾、毛巾等，十分生气地说：“五星级酒店的开夜床只为客人折被子，其他脏的、凌乱的都不用帮客人收拾吗？”大堂副理马上向客人致歉，并立即叫服务员来进行清洁，大堂副理再次致歉，表示今天的那位服务员是新员工，对业务还不太熟悉，日后一定多加培训。希望客人可以谅解，并送上致歉果篮。请你陈述，该案例存在什么问题？应采取什么改进措施？

（5）9 月 15 日，大堂副理接到 RM705 房客人的投诉，有服务员只敲一次房门就直接进入其房间。当时客人正在休息，客人表示其正准备询问是哪位时，楼层服务员已经开门走了进去，严重影响其居住心情。经了解，该名服务员因看错房态，误以为是空房。大堂副理再次对给客人造成的不便表示歉意，并送上果盘一份以示慰问。请问，该案例应如何处理？服务员存在什么问题？

学习情境三

客房污渍的处理

学习目标

1. 能讲出清洁剂的种类和用途；
2. 能正确选用清洁剂清洗不同的地毯污渍，并懂得日常保养和安全操作；
3. 能正确使用工具清除污渍，并介绍清除的方法；
4. 在教师指导下，能掌握正确的技巧，分组完成地毯上不同污渍的清理；
5. 通过学习，同学间能形成良好的沟通与协助关系，培养团队合作精神。

情境导入

白天鹅宾馆地处美丽的沙面岛，因附近有美国驻广州领事馆，经常有带着婴幼儿的外国家庭入住。这天，服务员小王像往常一样进入609房间清扫时，发现地毯上到处洒满了奶粉，还有几块颜色较深的污渍，用一般的吸尘器也吸不干净，非常头痛。请你为小王出谋献策，又快又好地把地毯污渍清除掉。

任务描述

模仿酒店的工作情境，以小组为单位，分析客房地毯可能出现的污渍种类，去认知清洁剂和清洁器具，寻找清除各种污渍的方法。最后，教师会派发一块泼洒了污渍的小地毯，要求将其清除干净。操作要符合规范，整个实施过程由教师全程录像，各组需全组参与，分工合作，并作成果展示汇报，介绍本组清除污渍的方法，注意清洁剂的安全使用。

任务内容

◆认知清洁剂及清洁器具；
◆清洁剂的用途及选取；
◆学会不同地毯污渍的清除方法；
◆能清除地毯上的咖啡渍、果汁渍、唇膏渍、黄油渍、菜渍、牛奶渍、鞋油等污渍。

教学流程：

(1) 明确任务：以小组为单位，完成一块地毯污渍的清洁整理，具体看任务书。

(2) 获取信息：查阅及收集与本任务有关的资料，进行整理、备用。

(3) 计划与实施：以小组为单位，分析、讨论有关资料，拟定方案并组织实施。

(4) 成果展示：各组展示本组成果并派代表讲述方案，要求主题明确，立意鲜明。

(5) 评价与反馈：小组自评、互评及教师点评，并及时反馈意见给大家。

(6) 总结与反思：总结优点及不足，改进优化。

任务准备

◆教材学材：教材、自编工作页。

◆媒体教具：手提电脑、视频、PPT、照相机。

◆工具设备：清洁篮、清洁剂、毛刷、干布、湿清洁布、铲子、方形小地毯若干、吸尘器、工作日志、学习评价表等。

◆学习环境：一体化多媒体课室、仿真标准客房实训室。

◆检查学生仪容仪表、制服的穿着情况。

任务实施

项目1：认识清洁剂

▲创设情境：展示几块洒了咖啡和牛奶污渍的地毯；

▲教师通过图片、视频等展示方式，用引导文法让学生认识客房清洁剂的类型；

▲在模拟客房楼层工作间实训室，学生以组为单位开展活动，辨认清洁剂。

项目2：根据清洁对象，正确选用清洁剂

▲教师通过图片、视频等展示方式，用引导文法让学生明确如何选择清洁剂；

▲通过看图说话，区分不同清洁剂的用途；

▲以小组为单位开展竞赛，每组派发一块沾有不同污渍的地毯，看哪个组所选的清洁剂是正确的。

项目3：学生以组为单位演绎如何为客人清除地毯上的污渍

▲教师展示事先准备好的地毯污渍；

▲下达任务：学生以组为单位接受任务；在实训室分组练习清洁沾有各种不同污渍的地毯，组员间互教互学，教师巡堂指导；

▲需收集与地毯污渍相关的资料，讨论和判断地毯上是何种污渍，选择哪种清洁剂可将污渍清除掉；

▲各组学生分工协作，自编自导演绎一个进房为客人清除污渍的案例，要求全程录像；

▲展示除渍成果，并介绍本组的清除方法；

▲评价与反馈：小组自评、互评，教师点评，并及时反馈意见给大家；

▲总结与反思，播放视频，让学生观看正确的地毯污渍清除方法，使之一目了然。具体任务安排见表3－1至表3－3。

表3－1 任务实施表1

1	辨认清洁剂	展示中、酸、碱性清洁剂、地毯香波的种类	酸性的不能用于地毯的清洗
2	污渍的种类	列出地毯上的常见污渍	至少说对8种
3	清洁剂的选择	列出污渍对应的清洁剂	选择正确
4	吸尘器吸尘	对房间进行吸尘	效果好，方法正确，规范

表3－2 任务实施表2

1	检查	检查地毯污渍面积与污渍的种类	判断正确
2	清除准备	根据污渍种类选择清洁工具，根据污渍的轻重程度配制清洁剂溶液	清洁工具、清洁剂及稀释度选择正确
3	清洁	经稀释的清洁剂均匀地洒在地毯表面，用刷子由外向里旋刷，然后用干布吸去污水，再喷上清水，用布吸干，用吹风筒吹干地毯	旋刷不波及其他表面，吸干污水，没有污渍残留，作烘干处理
4	整理复位	用软毛刷轻刷理顺地毯纹理或用吸尘器吸干并刷平	操作到位
5	善后	收拾好工具	没有遗留物

表3－3 任务实施表3

1	下达任务	分派有污渍的小地毯，各组通过分析，到时将其放到客房地板上，演绎进房清除污渍的过程，并展示成果	观察污渍大小、颜色、味道，判断是何种污渍
2	收集、分析资料	各组根据手头上的资料，讨论分析任务，首先弄清污渍的大小及污渍的品种，写出实施的初步方案	积极参与讨论，收集资料
3	实施准备	根据方案准备好清洁工具和清洁剂	正确选择清洁工具和清洁剂

（续上表）

4	方案实施	各组人员分工演绎客人、服务员、主管，情节合理，服务态度友善，全程录像	分工合作，工具、清洁剂选择正确，操作符合要求，没有污渍残留物
5	展示成果	播放各组的清除过程和方法，展示小地毯是否清除干净，每组派代表讲解	看演绎是否到位、地毯表面是否干爽
6	评价	小组、个人、教师看视频进行点评	小组自评、互评，教师点评
7	反思	通过视频，分析做得好的方面和不足之处	各组总结收获和不足
8	视频播放	酒店客房地毯局部污渍的处理方法	拓展：大理石地面如何清洁打蜡

相关知识

一、清洁剂的认知

清洁剂的使用是为了使客房环境和物品更加干净、美观，提高工作效率，收到如下效果：使清洁工作更加轻松、容易，消除或减少尘污的附着力，防止物件因受热、受潮、受污染而遭受损坏，延长物品的使用寿命。

（一）清洁剂的种类与用途

清洁剂一般包括酸性、中性和碱性三种，如图 3－1 所示，下面逐一进行介绍。

酸性清洁剂

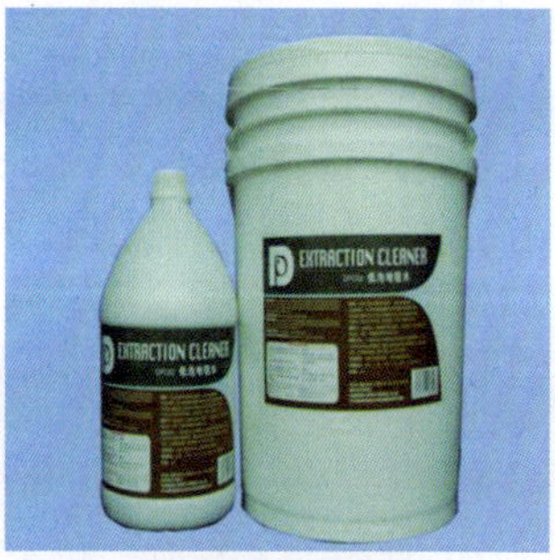

中性清洁剂

碱性清洁剂

图 3－1

1. 酸性清洁剂

酸性清洁剂通常为液体，也有少数为粉状，具有一定的杀菌除臭功能，且能中和尿酸、水泥等顽固斑垢，主要用于卫生间的清洁。同时，其具有腐蚀性，也可用于除锈、除盐渍，但有些物品的清洁禁止使用酸性清洁剂，如地毯、木器和金属器皿等。

（1）盐酸主要用于清除基建留下的污垢，如水泥、石灰等，效果显著。

（2）草酸的用途与盐酸、硫酸钠相同，但清洁效果比硫酸钠强，使用时要特别注意。

（3）硫酸钠能够与尿酸起中和反应，可用于卫生间恭桶的清洁，但不能长期大量使用。

（4）恭桶清洁剂为酸性，但含有合成抗酸剂，主要用于清洁客厕和卫生间便器，有特殊的洗涤、除臭和杀菌功效。使用时按说明书稀释，且必须倾倒在恭桶和便池内的清水中，而不能直接倒在被清洁物表面，刷洗后用清水冲净。因此，使用恭桶清洁剂既能保证卫生清洁质量，又能缓解强酸对瓷器表面的腐蚀。

（5）消毒剂主要呈酸性，可用于卫生间消毒，也可以用于杯具消毒，注意使用后用清水漂净。“84”消毒液为其中比较好的一种，如图 3－2a、b 所示。

图 3－2a

图 3－2b

2. 中性清洁剂

（1）多功能清洁剂略呈碱性，含有表面活性剂。可去除油垢，对物体表面损伤小，且有防止家具发霉的功效，除了不能用来洗涤地毯外，其他地方均可使用。为酒店用量最大的一种清洁剂，用于日常卫生清洁中，但对特殊污垢作用不大。

（2）地毯清洁剂是一种专门用于洗涤地毯的中性清洁剂，因含有泡沫稳定剂的量有所不同，可分为高泡和低泡两种。高泡用于干洗地毯，低泡一般用于湿洗地毯。用低泡洗地毯适宜用温水稀释，去污效果更好，如图 3－3a、b 所示。

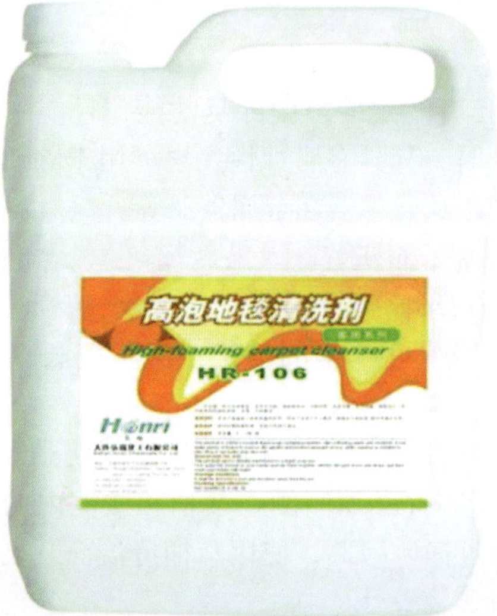

图 3－3a

图 3－3b

3. 碱性清洁剂

（1）玻璃清洁剂。玻璃清洁剂一般呈中性或碱性，有桶装和高压喷灌装两种。桶装清洁剂类似多功能清洁剂，主要功能是除污斑。使用时不可用抹布沾清洁剂直接擦拭，以免造成玻璃面发花。正确的使用方法是对准脏渍喷一下，然后立即用干布擦拭。高压喷灌装清洁剂内含挥发性溶剂、芳香剂等，去除油垢后留有香味，同时在玻璃表面留下透明保护层，方便清洁工作，省时省力，效果好，但价格较高。

（2）家具蜡。在日常客房清扫中，服务员只是用抹布对家具除尘，或用经稀释的多功能清洁剂去除家具表面的油垢。但长期使用清洁剂会使家具表面失去光泽，因此还应定期使用家具蜡。使用方法是倒适量的家具蜡在干布或家具表面，擦拭一遍，15 分钟后用同样方法再擦拭一遍。

（3）起蜡水。起蜡水碱性强，可令旧蜡及脏垢浮起而达到去蜡除污的功效，主要用于需要再次打蜡的大理石和花岗岩等石质地面。

（二）清洁剂的管理

1. 清洁剂的安全管理

减少浪费、保证安全使用，是清洁剂管理工作的主要目的。高压喷灌装清洁剂，挥发溶剂清洁剂，强酸、强碱清洁剂都不安全。后两者会对人体肌肤造成伤害，若管理不当会造成一定的安全隐患。所以，在管理中需注意以下几点：

（1）制定相应的规章制度，培训员工掌握放置和使用清洁剂的正确方法。

（2）督促和检查员工按规程进行操作。

（3）禁止员工在工作区域吸烟，以减少危害源。

（4）选购产品时应尽可能挑选不助燃、不易燃、生物降解性好的清洁剂。

（5）在使用强酸和强碱清洁剂时，需先作稀释处理，并尽量装在喷壶内，再发给员工使用。

（6）配备相应的防护用具，如适合的清洁工具、防护手套等。

2. 清洁剂的存储与分发

（1）清洁剂的存储。有些清洁剂是易燃易爆物，要妥善存放。建立严格的存储制度，可防止保管不当造成的损失。

①保证清洁及库房通道畅通、清洁干燥，有专人保管。

②定期清洁仓库，检查存货。

③用防水笔或标签在所有的容器上做标记。

④容器要摆放整齐，盖紧，保持清洁。

⑤库房要保持通风，严禁烟火，并配备消防器。

（2）清洁剂的分发。合理分发清洁剂既能满足清洁需要，又能避免对物品的损坏和浪费。

①清洁剂的发放一般由主管或领班专门负责，每天下班前对楼层做补充。

②定期进行盘点统计。

③用量大的清洁剂购回时多为大桶装溶液，分发时严格按比例统一稀释。

二、清洁器具介绍

（一）一般清洁器具

1. 抹布

抹布是清洁家具设备及其他物品表面的主要用具，是清洁保养工作中使用最多的工具之一。在使用抹布时，通常将抹布折叠起来，可多次使用，从而提高效率、保证质量。为了防止抹布的交叉使用，可选用不同质地和颜色的布料，以便于操作和提高清洁质量。用过的抹布要及时洗涤、消毒，并进行妥善保管。抹布的配备要充足，杜绝服务员将客用布草当作抹布使用的现象。

2. 扫把

扫把基本用于扫除灰尘杂物。特别是个体较大的脏物和一些尘土，只有使用扫把才可以清除干净，而且效率高、效果好。扫把主要用于清扫酒店室外或后台的地面。

3. 拖把

在清洁工作中，拖把最基本的用途是清洁光滑地面。拖把也称水拖把，与之相配套的器具有拖布拧水器、拖地桶和拖把车。酒店中所用的拖把有圆头型和扁平型两种，使用时要清洗干净，尽量将水拧干，以无水滴下为宜。拖把要及时清洗或清洁，因为使用一段时间后，上面已经积累了一些灰尘污物，继续使用不但不能清洁地面，还会污染别处。使用后要把拖把清洗晾干，挂放起来，以防止霉烂、滋生细菌。

4. 拖布拧水器

拖布拧水器是与拖把相配套的器具，其作用是拧干拖布，避免了操作者用手拧拖把的不卫生、不雅观情形。在设计上，有滚轴式、下压式和边压式等几种，其中以下压式为佳，滚轴式容易损伤棉质拖布的纤维，所以较少使用。

5. 拖把车

拖把车是可以推动的小型工具车，它由清洁桶、拧水器、车架组成。拧水器可架在清洁桶沿上，清洁桶安装在带有轮子的车上，也可以将轮子直接安装于桶底。清洁桶内壁往往有定量刻度标志，以便于配制清洁剂溶液时使用。流动作业时使用拖把车更加方便高效。

6. 尘推

图3－4

尘推亦称尘拖、地面推尘器。主要用于清除光滑地面的尘土、沙粒等杂物的清洁保养工作。尘推由尘推头、尘推架两个部分组成，如图3－4所示。尘推头有棉类和纸类两种。棉质尘推头价格偏贵，但可以洗涤且较耐用；纸类尖推头价格较低，使用方便，但不耐用。当尘推失去粘尘能力时，要重新用牵尘剂处理才可再用。尘推变脏后可用碱水清洗，晾干后用牵尘剂处理，用胶袋封好备用。

7. 玻璃清洁器

玻璃清洁器主要用于清洁玻璃、镜面和其他光滑的面层。使用玻璃清洁器可以提高工作效率，而且安全可靠、简便易行。玻璃清洁器主要包括伸缩杆、擦拭器、刮刀等配件，在使用后要拆卸下来，清洗擦拭干净，分开存放。

玻璃清洁器的使用方法是用水枪、注射器或擦拭器喷涂水或清洁液浸湿玻璃后，用擦拭器擦拭，再用刮刀刮净层面上的水和污渍，用吸水布将刮刀上的污渍擦净，顺向刮净层面，可快速将玻璃清理干净。

（二）机器清洁设备

1. 吸尘器

吸尘器全称为电动真空吸尘器，它可以吸除其他清洁工具难以清除的灰尘，如缝隙、墙角及形状各异的各种摆设上的尘埃，清洁程度和效果都比较理想。因此，地板、家具和地毯等处都可使用吸尘器来进行吸尘。吸尘器应用范围广泛，是酒店日常清洁保养工作中不可缺少的清洁设备。常用的吸尘器有筒桶式、直立式、背立式和两用式等几种。

筒桶式吸尘器是完全靠吸力去完成工作的，由于没有电动旋转刷的辅助，清理地毯的效果不如直立式吸尘器好，较适用于清理不太脏的地毯。由于筒桶式吸尘器具备强劲的吸力并有一些特别配件，清理地板、家具等的效果很好，比较适合在楼层客房内使用。

直立式吸尘器又称干湿两用吸尘器，主要用于地板有水的情况，可用来吸水。当大面积没铺地毯的地板需要去蜡层和清扫时，直立式吸尘机可去掉地板上的残水。

背立式吸尘器通常体积小、重量轻，使用者把它背在背上，便可灵活地使用。因此用于登高吸尘或楼梯吸尘。背立式吸尘器可接电源，也可配蓄电池使用。

吸尘器的使用步骤：插电源—开机—吸尘—关机—断电源—绕线—摆放。

使用吸尘器时应注意以下事项：

（1）若不是干湿两用吸尘器，绝对不可用来吸液体、黏性物和金属粉末；

（2）大块的垃圾不能吸，以免堵塞吸管、烧坏机头；

（3）吸尘时要一手提把，一手握吸尘器吸管，手臂与身体保持60度角；

（4）吸地毯时，要顺着地毯的纹路，从里一直往外吸尘；

（5）吸地毯和硬质地面应选择相应的档位和选用不同的吸头（大小吸头、圆头、尖头）；

（6）吸尘器使用完后，应对吸尘器进行一次保养。

2. 洗地毯机

洗地毯机的种类很多，常用的有两种，即干泡洗地毯机和喷气抽吸式洗地毯机。洗地毯机可清洗纯羊毛、混织以及植物等地毯，省时省力、节水节电、工作效率高，如图3－5所示。

图3－5

干泡洗地毯机适用于不脏的地毯和纯羊毛地毯的清洗，清洗方法比较简单，对地毯损伤较小。洗地毯前要将地毯彻底吸尘和去渍，才能达到良好的效果。喷气抽吸式洗地毯机洗涤力强，去渍效果好。但操作起来较笨重，而且对地毯破坏性较大，所以不宜多用。

3. 洗地机

洗地机又称擦地吸水机，具有擦洗机和吸水机的功能，集喷水、洗地、吸水为一体，将擦洗地面的工作一步完成。它的特点是工作效率高，适合于大面积地面的清洗，如酒店的大厅、走廊、停车场等。

4. 吹干机

吹干机常用于地毯、地面清洁后的吹干。根据地面潮湿的程度调节风速，促进地毯、地面的水分蒸发，加快地毯、地面干燥的速度。

三、地毯的清洁保养

地毯是一种高档地面装饰材料，具有美观、保温、吸音、舒适等特点，是酒店用于地面装饰的主要材料之一。它被广泛应用于客房、餐厅、酒吧、会议室等场所。

（一）地毯清洁保养的措施

1. 防污

采取预防性措施，可以避免和减轻地毯的污染，这是地毯清洁保养最积极、最经济、最有效的方法。具体做法如下：

（1）喷洒防污剂。在使用地毯前，可以喷洒专用的防污剂，在纤维外表面喷上保护层，起到隔离污物的作用。即使有污物，也很难渗透到纤维之中，易清除。

（2）减低地毯受损、变脏的概率。如在大堂门前、宴会厅前、餐厅与厨房连接处等，铺设蹭鞋垫，让宾客进入大面积的铺设地毯的场合前，先把鞋底80%以上的沙砾、水分通过蹭鞋垫截留掉，如图3-6a、b所示。

图3-6a

图3-6b

2. 吸尘

在地毯保养过程中，吸尘是最重要、最基本的途径。可用普通吸尘器吸除地毯内的尘埃、沙砾；也可用滚擦式吸尘器彻底吸除地毯根蒂部位的灰尘和杂物。吸尘可以去除地毯表面及纤维中的尘埃、沙砾，保持地毯的弹性和柔软度，延长其使用寿命。

3. 除渍

地毯在使用中难免会被饮料、油、食物等污染，平时搞卫生时一旦发现应立即用抹布蘸上清水加以清除。不同的污渍需用不同的方法，污渍严重的话，就要用去污清洁剂清除，否则渗透扩散后会留下永远无法清除的脏迹，如图3-7a、b所示。用地毯除渍剂清除油溶性和水溶性的污渍后，再用尼龙刷将地毯纤维梳理恢复原状。

图 3－7a

图 3－7b

常见的地毯污迹清除方法如表 3－4 所示。

表 3－4　地毯污迹清除方法

果汁、可乐、菜汁、咖啡、葡萄酒等	用干布吸干，用海绵蘸上清洁剂擦拭、吸干，再用海绵蘸上清水擦拭、吸干，如仍有污迹可用漂白剂清除，再用清水擦拭、吸干
巧克力、鸡蛋等食物	彻底清除食物，吸干汁水，用海绵蘸上清洁剂擦拭、吸干，再用清水擦拭、吸干，如一次效果不好可重复一次
番茄酱	刮去番茄酱，用海绵蘸上清洁剂擦拭、吸干，再用清水擦拭、吸干，也可以用漂白剂清除
口香糖	用海绵蘸上干洗剂擦拭，然后用纱布吸干
口红、指甲油	用海绵蘸上醋酸戊脂或专用清洁剂擦拭、吸干，再用海绵蘸上干洗剂擦拭，然后吸干
油渍	先吸干油渍，用海绵蘸上干洗剂擦拭，然后吸干
蜡迹	彻底刮去蜡烛斑点，在斑迹上铺上潮布，用熨斗熨烫，使熔化的蜡液被潮布吸除
烧焦痕迹	去掉烧焦部分，用海绵蘸上干洗剂擦拭，用同样的地毯胶贴或织补
血迹	吸干，用冷水擦拭，水分吸干后，用海绵蘸上清洁剂擦拭、吸干，再用清水擦净、吸干
压痕	蒸汽熨斗熨烫，用软刷轻刷或用吸尘器吸，清除痕迹

4. 定期清洁

饭店一般要求每半年彻底清洁地毯一次，可根据地毯使用的频率灵活掌握洗涤周期。为了尽可能避免对地毯造成损坏，使地毯变形，最好采用干泡法对地毯进行清洁，当干泡法不能彻底清洁时可采用湿洗法。

（二）饭店常见地毯污渍的处理方法

1. 口香糖

先用小刀小心地把口香糖彻底刮去（如口香糖已结成硬块状时，最好先用冰块冷敷一下，使其发脆后用刀刮去），用海绵蘸上地毯干洗剂擦拭，然后用纱布吸干；如口香糖较多时，可用同样方法反复进行，也可使用专用的口香糖喷剂去除。

2. 指甲油

如发现客人不小心把指甲油洒到地毯上，应先用小刀轻轻刮干净，后用海绵蘸上醋酸或指甲油去除剂擦拭，用抹布吸干，然后用海绵蘸上地毯干洗剂擦拭、吸干。如指甲油较多时，可重复以上的清洁方法。

3. 烧焦痕迹

对于被燃烧的烟火毁伤的地毯，可小心地将地毯上簇绒烧焦的一端剪去，再加以擦拭。然后，用海绵蘸上清洁剂进行擦拭。对毯绒很短的地毯，有时可采用砂纸擦拭，消除烧焦处的痕迹。

4. 茶水、可乐

先用海绵蘸上清洁剂溶液擦拭，吸干溶液，然后用海绵蘸上清水擦拭，吸干水分，最后用海绵蘸上酸性溶液擦拭，并吸干。

5. 血迹

用蘸了冷水的海绵擦拭并吸干水分，然后用海绵蘸上清洁剂溶液擦拭，再吸干溶液，最后用海绵蘸清水擦拭并吸干水分，必要时可反复进行。

6. 呕吐物、鸡蛋、口红等

刮净污物，用海绵蘸上清洁剂溶液擦拭，吸干溶液，然后再用海绵蘸清水擦拭，并吸干水分。视情况确定清洁次数。

7. 黄油、鱼肝油、油腻食物

刮净地毯上的脏物，用海绵蘸上干洗剂擦拭、吸干，然后再用海绵蘸清水擦拭，并吸干水分。

8. 糖果、巧克力、冰淇淋等

刮净污物，用海绵蘸上清洁剂擦拭、吸干，然后再用海绵蘸上清水擦拭，并吸干水分。如不易擦拭，可用海绵蘸上干洗剂擦拭，然后吸干。

9. 酒类、咖啡、液体鞋油、芥末、红汞、墨水等

刮净污物，用海绵蘸上清洁剂溶液擦拭、吸干。再用海绵蘸清水擦拭，并吸干水分。如果色斑难以擦去，可用海绵蘸漂白剂溶液擦拭、吸干，并用清水擦净，吸干水分，务求除去色斑。注意：红酒污渍对地毯的损害是毁灭性的，一旦发现，要及时处理，否则，该受损的地毯需整块切除。

10. 家具上光油剂

用海绵蘸干洗剂擦拭，吸干后可用海绵蘸漂白剂擦拭色斑，吸干溶液后，需用清水擦拭，并吸干水分。地毯上的污渍要随时发现随时清除，以确保地毯的清洁卫生。

酒店客房日常用清洁剂种类与用途如表 3－5 所示。

表 3－5 酒店客房常用清洁剂

洁而亮，如图 3－8 所示	 图 3－8	去污力强，用于客房卫生间瓷器的清洁，能去除顽固污渍
雷达杀虫剂，如图 3－9 所示	 图 3－9	无味，用于客房区域性杀虫
醋离子洗洁精，如图 3－10 所示	 图 3－10	用于客房第一次清洁杯具用，有除菌的作用
糯米白醋王，如图 3－11 所示	 图 3－11	用于去除电热水壶水垢

（续上表）

佳丽清洗剂，如图 3－12 所示	 图 3－12	区域内使用
消毒粉，如图 3－13 所示	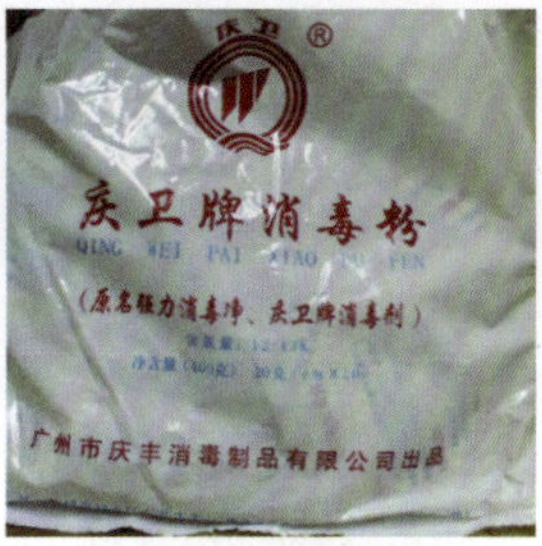 图 3－13	用于餐具、恭桶的消毒
的确妥地毯清洁剂，如图 3－14所示	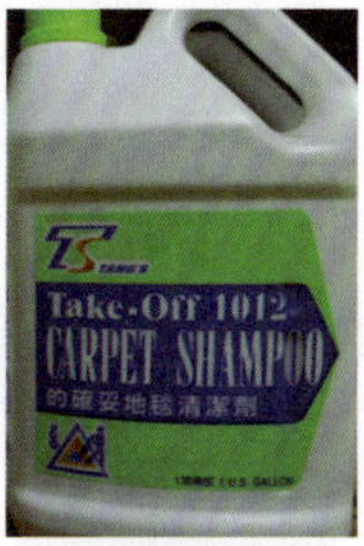 图 3－14	高泡，干洗
抽洗地毯水，如图 3－15 所示	 图 3－15	低泡，湿洗

（续上表）

消泡剂，如图 3－16 所示	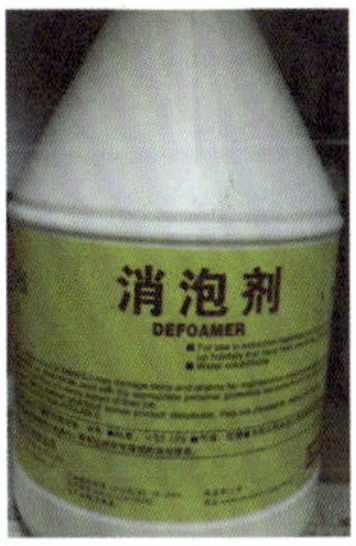 图 3－16	与地毯清洁剂配套使用，用于消泡
酸性除垢剂，如图 3－17 所示	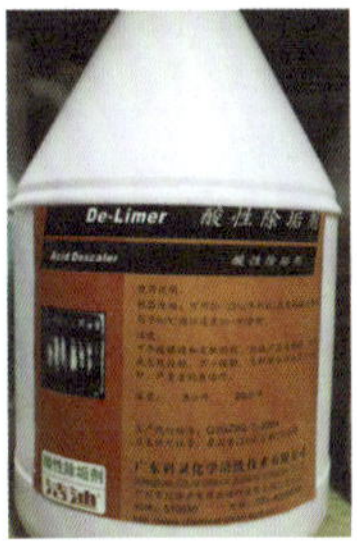 图 3－17	弱酸性，主要用于去除马桶的黄渍、黄斑
玻璃清洁剂，如图 3－18 所示	 图 3－18	用于客房卫生间玻璃的清洗
易擦净粉，如图 3－19 所示	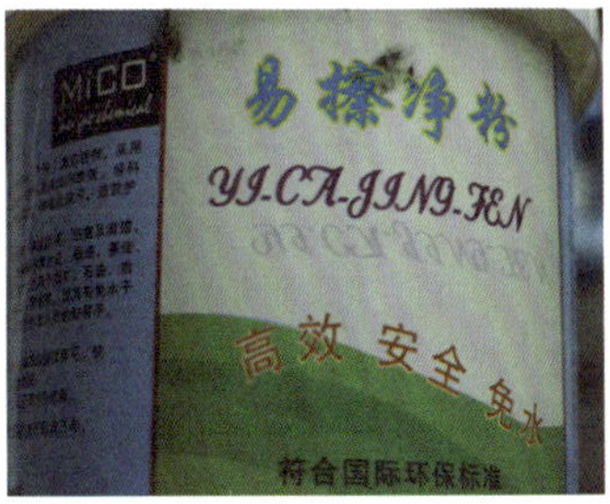 图 3－19	适合清洁卫生间的金属，如浴缸的四巾架，有除锈的作用，不能用于镀铜、镀洛材料

（续上表）

中性消毒清洁剂（绿水），如图3－20所示	 图3－20	俗称全能水，性质温和，去污力强，适合浴室使用，使用时须稀释
DE128，如图3－21所示	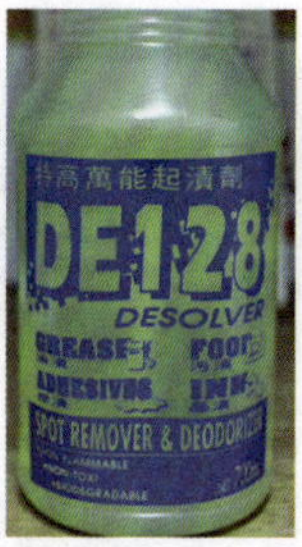 图3－21	万能起渍剂，适用于油渍、污渍、墨汁、胶渍等的清洁

四、大理石地面的清洁保养

对大理石地面进行有效的清洁保养，既可保持地面清洁美观，又可减少对大理石地面造成的损伤，从而延长大理石使用寿命。

1. 大理石地面清洁保养规程

（1）清扫：将地面的纸屑、烟头等大块的垃圾用扫帚清除。

（2）推尘（干拖）：将干净并喷上防静电剂的尘拖套在拖架上，然后平放在地面上，直线方向推尘。保持地面不能留有脚印、污迹。

（3）打蜡：将喷蜡器安置在低速擦地机上，并将喷嘴架插入擦盘面孔内，再将蜡水灌入喷蜡器内，接上电源，将红色清洁刷装在擦机底座，然后开动机器擦磨，在清除污点的同时打蜡。

（4）抛光：待蜡层完全风干后，再用调整抛光机抛光。

2. 清洗大理石地面的步骤

（1）通风，设置警示牌，清除障碍。

（2）将清洁剂溶入清洁桶的水中，用地拖或机器将其适量洒到地面上。

（3）用机器分段分块清洗。

（4）手工擦洗边角部位。

（5）及时用吸水机或地拖清除溶液和污物，用清水彻底清洗，在最后一次清洗时，要在水中加入适量的醋，用以中和碱性。

（6）将地面处理干燥。

（7）清洁所用设备、工具和用品并妥善收好，撤警示牌。

3. 打蜡抛光

打蜡抛光是保护硬质地面最常用的一种方法。新铺的大理石地面在启用前必须先清洗打蜡。蜡有底蜡、面蜡之分，底蜡用于封死硬质地面上的小气孔，面蜡用于日常的保养。第一次打蜡可打两层底蜡和两层面蜡。打蜡后，可防止污物渗透，使其表面光洁明亮。在日后的清洁保养中，要及时除尘，通常用尘推干推，必要时，用中性清洁剂湿拖或清洗。平时，只要用抛光剂就可保持光泽，如图 3 – 22 所示。打蜡时要选择晴好的天气，避免将尘土带入打蜡区域。

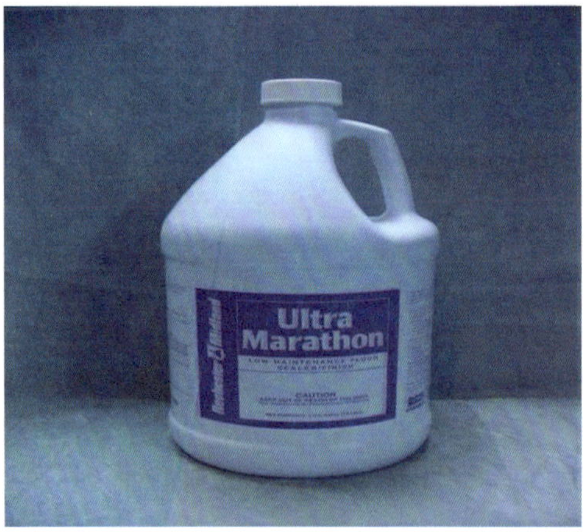

图 3 – 22

大理石表面污迹积聚较多时，用低速洗地机清洗，清除逐渐积累的抛光剂和污物，然后重新涂抛光剂。避免使用酸性清洁剂，酸性清洁剂会与大理石发生化学反应，使大理石表面变得粗糙，失去光泽和韧性；对碱性清洁剂也要有选择性地使用，因为有些碱性清洁剂，如碳酸钠、碳酸氢钠、磷酸钠等会对大理石造成损伤。

打蜡时防止碰撞墙面和其他物件，在大理石地面周围的出入口处，要铺放蹭脚垫，但不能直接在大理石地面上放置蹭脚垫或有橡胶底的地毯，因为它们会与蜡粘连，形成难以清除的污渍。

4. 大理石地面打蜡的步骤

（1）设置警示牌。

（2）通风。

（3）用胶纸带封住离地面 60cm 以下的插座。

（4）面对自然光。

（5）涂蜡动作流畅，用力均匀。

（6）不可遗漏，把两个区域的交界处轻轻带过。

（7）每涂一层，要等干后用机器磨去粗糙不平处，然后再涂另一层蜡。

（8）封蜡要在 12 ~ 16 小时后才干。

（9）抛光打磨。

（10）清洁所用工具、设备和用品并妥善收好，撤警示牌。

任务评价

表 3－6　评价表 1

1	清洁剂的种类				
2	讲出各种清洁剂适用的场合				
3	安全操作清洁剂				
4	能正确判断常见污渍（如咖啡渍、果汁渍、唇膏渍、黄油渍、红酒渍、菜渍、牛奶渍等）所用清洁剂				
5	讲述一般污渍和顽固污渍的处理方法				

表 3－7　评价表 2

1	演绎的内容合理，操作规范				
2	正确选取清洁剂				
3	组员分工协作、参与度高				
4	污渍清除干净				

表 3－8　综合评价表 3

出勤情况	10 分	由教师根据每次课的考勤进行评价	10%
学习态度	5 分	由教师和小组长对每一个学习情境进行评价	5%
组织纪律性	5 分		5%
团队精神、沟通协调	5 分		5%
具体任务完成的情况	70 分		70%
创造性学习	5 分	教师对在学习中有突出表现和特色做法的学生进行奖励	5%

案例分享

8 月 24 日，接到前台收银员报告，RM718 房客人在退房时反映房间的设施有问题，夫妻二人于入住一天后发现手臂及腿部出现小红点，并表示怀疑是在床上被虫咬，但未发现虫子；浴缸与墙身之间去水不通；房间恭桶内侧有污迹。客人原本预订的是三天的房间，现要求提前退房，免除两天房费。

处理过程：

（1）大堂副理在接收到客人的反映后第一时间致以歉意和问候，询问是否需要到医院检查，客人表示不需要，但已不想再于本店住宿，并对大堂副理提出的换房及免费升级均予以拒绝。

（2）对于客人提出的提前退房免收两天房费的要求，由于客人在预订时已支付了三天房费，经向销售部经理反映，同意免收一天房费，即仍收取 8 月 23、24 两日的房费，客人对处理结果表示接受。

存在问题：

（1）房间的卫生未能达到应有的标准，长时间累积以致产生恭桶顽迹，未做好卫生计划。

（2）浴缸与墙身之间去水不通，没有在日常房间维护中发现并及时处理。

（3）客人反映虫子的问题，虽未有活体发现，不能确定，但房间容易出现各种细菌和病毒，应加强房间杀虫工作。

改进措施：

（1）制订房间的卫生工作计划，加强对房间洁具的清洁。

（2）日常工作中加强对设备、设施的检查，对于工程问题要及早报修，保证设备、设施的正常运作。

（3）与杀虫公司沟通，加大药效或定期更换杀虫药，对房间床上用品进行彻底清洗，对床垫和床架进行计划性的定期清洗杀虫，避免同类事件的发生。

思考与练习

（1）在日常卫生清洁中，酒店用量最大的一种清洁剂是什么？

（2）在处理地毯局部污渍时，要注意哪些事项？

（3）对于顽固污渍如何处理？

（4）大理石地面如何清洁打蜡？

（5）8 月 26 日，刚入住 RM1004 房的客人向当值大堂副理反映房间及走廊处有一股异味，令其很不适应，并要求作免费退房处理。大堂副理在接到客人的反映后第一时间向客人表示歉意，并了解到客人为孕妇，对气味较为敏感。这个案例中，你认为存在什么问题和需要解决什么问题？

（6）9 月 9 日 9：00，接到 RM1706 房客人的投诉，表示 18 楼出现很大噪音，让其无法睡觉。大堂副理向客人致歉，立即了解此事。因 18 楼地板下雨时会漏水，工程部在做防水工程，故发出很大的响声，已马上通知工程部停工。请分析案例并找出解决办法。

附录一　中华人民共和国国家标准

GB/T 14308—2010
代替 GB/T 14308—2003

旅游饭店星级的划分与评定

Classification & Accreditation for Star-rated Tourist Hotels

2010 - 10 - 18 发布 2011 - 01 - 01 实施

中华人民共和国国家质量监督检验检疫总局　发布
中国国家标准化管理委员会

旅游饭店星级的划分与评定

1. 范围

本标准规定了旅游饭店星级的划分条件、服务质量和运营规范要求。

本标准适用于正式营业的各种旅游饭店。

2. 规范性引用文件

下列文件对于本文件的应用是必不可少的。凡是注日期的引用文件，仅注日期的版本适用于本文件，凡是不注日期的引用文件，其最新版本（包括所有的修改单）适用于本文件。

GB/T 16766 旅游业基础术语

GB/T 10001.1 标志用公共信息图形符号 第 1 部分：通用符号

GB/T 10001.2 标志用公共信息图形符号 第 2 部分：旅游设施与服务符号

GB/T 10001.4 标志用公共信息图形符号 第 4 部分：运动健身符号

GB/T 10001.9 标志用公共信息图形符号 第 9 部分：无障碍设施符号

GB/T 15566.8 公共信息导向系统 设置原则与要求 第 8 部分：宾馆和饭店

3. 术语和定义

下列术语和定义适用于本标准。

旅游饭店（tourist hotel）：以间（套）为单位出租客房，以住宿服务为主，并提供商务、会议、休闲、度假等相应服务的住宿设施，按不同习惯可能也被称为宾馆、酒店、旅馆、旅社、宾舍、度假村、俱乐部、大厦、中心等。

4. 星级划分及标志

4.1 用星的数量和颜色表示旅游饭店的星级。旅游饭店星级分为五个级别，即一星级、二星级、三星级、四星级、五星级（含白金五星级）。最低为一星级，最高为五星级。星级越高，表示饭店的等级越高。（为方便行文，“星级旅游饭店”简称为“星级饭店”。）

4.2 星级标志由长城与五角星图案构成，用一颗五角星表示一星级，两颗五角星表示二星级，三颗五角星表示三星级，四颗五角星表示四星级，五颗五角星表示五星级，五颗白金五角星表示白金五星级。

5. 总则

5.1 星级饭店的建筑、附属设施、设备、服务项目和运行管理应符合国家现行的安全、消防、卫生、环境保护、劳动合同等有关法律法规和标准的规定与要求。

5.2 各星级划分的基本条件见附录 A，各星级饭店应逐项达标。

5.3 星级饭店设施、设备的位置、结构、数量、面积、功能、材质、设计、装饰等评价标准见附录 B。

5.4 星级饭店的服务质量、清洁卫生、维护保养等评价标准见附录 C。

5.5 一星级、二星级、三星级饭店是有限服务饭店，评定星级时应对饭店住宿产品进行重点评价；四星级和五星级（含白金五星级）饭店是完全服务饭店，评定星级时应对饭店产品进行全面评价。

5.6 倡导绿色设计、清洁生产、节能减排、绿色消费的理念。

5.7 星级饭店应增强突发事件应急处置能力，突发事件处置的应急预案应作为各星级饭店的必备条件。评定星级后，如饭店运营中发生重大安全责任事故，所属星级将被立即取消，相应星级标识不能继续使用。

5.8 评定星级时不应因为某一区域所有权或经营权的分离，或因为建筑物的分隔而区别对待，饭店内所有区域应达到同一星级的质量标准和管理要求。

5.9 饭店开业一年后可申请评定星级，经相应星级评定机构评定后，星级标志使用有效期为三年。三年期满后应重新进行评定。

6. 各星级划分条件

6.1 必备条件

6.1.1 必备项目检查表规定了各星级应具备的硬件设施和服务项目。评定检查时，逐项打“√”确认达标后，再进入后续打分程序。

6.1.2 一星级必备项目见表 A.1；二星级必备项目见表 A.2；三星级必备项目见表 A.3；四星级必备项目见表 A.4；五星级必备项目见表 A.5。

6.2 设施、设备

6.2.1 设施、设备的要求见附录 B。总分 600 分。

6.2.2 一星级、二星级饭店不作要求，三星级、四星级、五星级饭店规定最低得分线：三星级 220 分，四星级 320 分，五星级 420 分。

6.3　饭店运营质量

6.3.1　饭店运营质量的要求见附录C。总分600分。

6.3.2　饭店运营质量的评价内容分为总体要求、前厅、客房、餐饮、其他、公共及后台区域等6个大项。评分时按“优”、“良”、“中”、“差”打分并计算得分率。公式为：得分率＝该项实际得分/该项标准总分×100%。

6.3.3　一星级、二星级饭店不作要求。三星级、四星级、五星级饭店规定各大项最低得分率：三星级70%，四星级80%，五星级85%。

6.3.4　如饭店不具备表C.1中带“*”的项目，统计得分率时应在分子、分母中同时去掉该项分值。

7. 服务质量总体要求

7.1　服务基本原则

7.1.1　对宾客礼貌、热情、亲切、友好，一视同仁。

7.1.2　密切关注并尽量满足宾客的需求，高效率地完成对客服务。

7.1.3　遵守国家法律法规，保护宾客的合法权益。

7.1.4　尊重宾客的信仰与风俗习惯，不损害民族尊严。

7.2　服务基本要求

7.2.1　员工仪容仪表应达到：

a）遵守饭店的仪容仪表规范，端庄、大方、整洁；

b）着工装、佩工牌上岗；

c）服务过程中表情自然、亲切、热情适度，提倡微笑服务。

7.2.2　员工言行举止应达到：

a）语言文明、简洁、清晰，符合礼仪规范；

b）站、坐、行姿符合各岗位的规范与要求，主动服务，有职业风范；

c）以协调适宜的自然语言和身体语言对客服务，使宾客感到尊重舒适；

d）对宾客提出的问题应予以耐心解释，不推诿和应付。

7.2.3　员工应掌握相应的业务知识和服务技能，并能熟练运用。

8. 管理要求

8.1　应有员工手册。

8.2　应有饭店组织机构图和部门组织机构图。

8.3　应有完善的规章制度、服务标准、管理规范和操作程序。一项完整的饭店管理规范包括规范的名称、目的、管理职责、项目运作规程（具体包括执行层级、管理对象、方式与频率、管理工作内容）、管理分工、管理程序与考核指标等项目。各项管理规范应适时更新，并保留更新记录。

8.4　应有完善的部门化运作规范。包括管理人员岗位工作说明书、管理人员工作关系表、管理人员工作项目核检表、专门的质量管理文件、工作用表和质量管理记录等内容。

8.5　应有服务和专业技术人员岗位工作说明书，对服务和专业技术人员的岗位要求、任职条件、班次、接受指令与协调渠道、主要工作职责等内容进行书面说明。

8.6　应有服务项目、程序与标准说明书，对每一个服务项目完成的目标、为完成该目标所需要经过的程序，以及各个程序的质量标准进行说明。

8.7　对国家和地方主管部门和强制性标准所要求的特定岗位的技术工作如锅炉、强弱电、消防、食品加工与制作等，应有相应的工作技术标准的书面说明，相应岗位的从业人员应知晓并熟练操作。

8.8　应有其他可以证明饭店质量管理水平的证书或文件。

9. 安全管理要求

9.1　星级饭店应取得消防等方面的安全许可，确保消防设施的完好和有效运行。

9.2　水、电、气、油、压力容器、管线等设施、设备应安全有效运行。

9.3　应严格执行安全管理防控制度，确保安全监控设备的有效运行及人员的责任到位。

9.4　应注重食品加工流程的卫生管理，保证食品安全。

9.5　应制定和完善地震、火灾、食品卫生、公共卫生、治安事件、设施突发故障等各项突发事件应急预案。

10. 其他

对于以住宿为主营业务，建筑与装修风格独特，拥有独特的客户群体，管理和服务特色鲜明，且业内知名度较高的旅游饭店的星级评定，可参照五星级的要求。

附录 A　（规范性附录）必备项目检查表

表 A.1　一星级饭店必备项目检查表

1	一般要求	
1.1	建筑物结构完好，功能布局基本合理，方便宾客在饭店内活动	
1.2	应有适应所在地气候的采暖、制冷设备，各区域通风良好	
1.3	各种指示用和服务用文字应至少用规范的中文及第二种文字同时表示，导向系统的设置和公共信息图形符号应符合 GB/T 15566.8 和 GB/T 10001.1、GB/T 10001.2、GB/T 10001.4、GB/T 10001.9 的规定	
1.4	应有至少 15 间（套）可供出租的客房	
1.5	员工应具备基本的礼仪礼节，穿着整齐清洁，可用普通话提供服务，效率较高	
1.6	设施设备应定期维护保养，保持安全、整洁、卫生和有效	
1.7	应有突发事件处置的应急预案	
1.8	应有与本星级相适应的节能减排方案并付诸实施	
2	设施	
2.1	设总服务台，并提供客房价目表及城市所在地的旅游交通图等相关资料	
2.2	客房内应有卫生间或提供方便宾客使用的公共卫生间，客房卫生间及公共卫生间均采取必要防滑措施	

（续上表）

2.3	应24h供应冷水，每日固定时段供应热水，并有明确提示	
2.4	客房内应有清洁舒适的床和配套家具	
2.5	客房照明充足，有遮光效果较好的窗帘	
2.6	客房内应备有服务指南、住宿须知等	
2.7	客房门安全有效，门锁应为暗锁，有防盗装置，客房内应在显著位置张贴应急疏散图及相关说明	
2.8	公共区域应有男女分设的公共卫生间	
2.9	应有公用电话	
2.10	应有应急照明设施	
3	服务	
3.1	应至少18h提供接待、问讯、结账服务	
3.2	晚间应有安保人员驻店值班	
3.3	应提供贵重物品保管及小件行李寄存服务	
3.4	客房、卫生间应每天全面整理一次，隔日或应宾客要求更换床单、被套及枕套，并做到每客必换	
3.5	客房内应提供热饮用水	
3.6	应为残障人士提供必要的服务	
	总体是否达标结论	

表 A.2　二星级饭店必备项目检查表

1	一般要求	
1.1	建筑物结构良好，功能布局基本合理，方便宾客在饭店内活动	
1.2	应有适应所在地气候的采暖、制冷设备，各区域通风良好	
1.3	各种指示用和服务用文字应至少用规范的中文及第二种文字同时表示，导向系统的设置和公共信息图形符号应符合GB/T 15566.8和GB/T 10001.1、GB/T 10001.2、GB/T 10001.4、GB/T 10001.9的规定	
1.4	应有至少20间（套）可供出租的客房	
1.5	应提供回车线或停车场，5层以上（含5层）的楼房有客用电梯	
1.6	员工应具备基本的礼仪礼节，穿着整齐清洁，可用普通话提供服务，效率较高	
1.7	设施设备应定期维护保养，保持安全、整洁、卫生和有效	
1.8	应有突发事件处置的应急预案	

（续上表）

1.9	应有与本星级相适应的节能减排方案并付诸实施	
2	设施	
2.1	应有与饭店规模相适应的总服务台，位置合理，提供客房价目表及城市所在地的旅游交通图、旅游介绍等相关资料	
2.2	应有就餐区域，提供桌、椅等配套设施，照明充足，通风良好	
2.3	客房内应有清洁舒适的床以及桌、椅、床头柜等配套家具	
2.4	至少50%的客房内应有卫生间，或每一楼层提供数量充足、男女分设、方便使用的公共盥洗间。客房卫生间及公共盥洗间均采取有效的防滑措施	
2.5	应24h供应冷水，至少12h供应热水	
2.6	客房应有适当装修，照明充足，有遮光效果较好的窗帘。有防噪音及隔音措施	
2.7	客房内应配备电话、彩色电视机等设施，且使用效果良好	
2.8	设有两种以上规格的电源插座	
2.9	客房内应备有服务指南、住宿须知等资料	
2.10	客房门安全有效，门锁应为暗锁，有防盗装置，客房内应在显著位置张贴应急疏散图及相关说明	
2.11	公共区域应有男女分设的公共卫生间	
2.12	应有公用电话	
2.13	应有应急照明设施	
2.14	公共区域应有适当装修，墙面整洁、光线充足。紧急出口标识清楚，位置合理，无障碍物	
2.15	门厅及主要公共区域应有残疾人出入坡道	
3	服务	
3.1	应有管理或安保人员24h在岗值班	
3.2	应24h提供接待、问询、结账和留言等服务	
3.3	应提供贵重物品保管及小件行李寄存服务	
3.4	客房、卫生间应每天全面整理一次，隔日或应宾客要求更换床单、被套及枕套，并做到每客必换	
3.5	客房内应提供热饮用水	
3.6	应提供早餐服务	
3.7	应为残障人士提供必要的服务	
	总体是否达标结论	

表 A.3　三星级饭店必备项目检查表

1	一般要求	
1.1	应有较高标准的建筑物结构，功能布局较为合理，方便宾客在饭店内活动	
1.2	应有空调设施，各区域通风良好，温、湿度适宜	
1.3	各种指示用和服务用文字应至少用规范的中英文同时表示。导向标志清晰、实用、美观，导向系统的设置和公共信息图形符号应符合 GB/T 15566.8 和 GB/T 10001.1、GB/T 10001.2、GB/T 10001.4、GB/T 10001.9 的规定	
1.4	应有计算机管理系统	
1.5	应有至少30间（套）可供出租的客房，应有单人间、套房等不同规格的房间配置	
1.6	应提供回车线并有一定泊位数量的停车场。4层（含4层）以上的建筑物有足够的客用电梯	
1.7	设施、设备定期维护保养，保持安全、整洁、卫生和有效	
1.8	员工应着工装，训练有素，用普通话提供服务。前台员工具备基本外语会话能力	
1.9	应有突发事件（突发事件应包括火灾、自然灾害、饭店建筑物和设备设施事故、公共卫生和伤亡事件、社会治安事件等）处置的应急预案，有年度实施计划，并定期演练	
1.10	应有与本星级相适应的节能减排方案并付诸实施	
1.11	应定期开展员工培训	
2	设施	
2.1	应有与接待规模相适应的前厅和总服务台，装修美观。提供饭店服务项目资料、客房价目等信息，提供所在地旅游交通、所在地旅游资源信息、主要交通工具时刻等资料，提供相关的报刊	
2.2	客房装修良好、美观，应有软垫床、梳妆台或写字台、衣橱及衣架、座椅或简易沙发、床头柜及行李架等配套家具。电器开关方便宾客使用	
2.3	客房内满铺地毯、木地板或其他较高档材料	
2.4	客房内应有卫生间，装有抽水恭桶、梳妆台（配备面盆、梳妆镜和必要的盥洗用品）、浴缸或淋浴间。采取有效的防滑、防溅措施，通风良好。采用较高级建筑材料装修地面、墙面和天花，色调柔和，目的物照明效果良好。有良好的排风设施，温、湿度与客房适宜。有不间断电源插座。24h供应冷、热水	
2.5	客房门安全有效，应设门窥镜及防盗装置，客房内应在显著位置张贴应急疏散图及相关说明	
2.6	客房内应有遮光和防噪音措施	

（续上表）

2.7	客房内应配备电话、彩色电视机，且使用效果良好	
2.8	应有两种以上规格的电源插座，位置方便宾客使用，可提供插座转换器	
2.9	客房内应有与本星级相适应的文具用品，备有服务指南、住宿须知、所在地旅游景点介绍和旅游交通图等，提供书报刊	
2.10	床上棉织用品（床单、枕芯、枕套、被芯、被套及床衬垫等）及卫生间针织用品（浴衣、浴巾、毛巾等）材质良好、柔软舒适	
2.11	客房内应提供互联网接入服务，并有使用说明	
2.12	客房内应备有擦鞋用具	
2.13	应有与饭店规模相适应的独立餐厅，配有符合卫生标准和管理规范的厨房	
2.14	公共区域应设宾客休息场所	
2.15	公共区域应有男女分设、间隔式公共卫生间	
2.16	应有公用电话	
2.17	应有应急供电设施和应急照明设施	
2.18	走廊地面应满铺地毯或与整体氛围相协调的其他材料，墙面整洁、有适当装修，光线充足。紧急出口标识清楚，位置合理，无障碍物	
2.19	门厅及主要公共区域应有残疾人出入坡道，配备轮椅	
3	服务	
3.1	应有管理及安保人员 24h 在岗值班	
3.2	应 24h 提供接待、问询、结账和留言服务。提供总账单结账服务、信用卡结算服务。应提供客房预订服务	
3.3	应设门卫应接及行李服务人员，有专用行李车，应宾客要求提供行李服务。应提供贵重物品保管及小件行李寄存服务，并专设寄存处	
3.4	应为宾客办理传真、复印、打字、国际长途电话等商务服务，并代发信件	
3.5	应提供代客预订和安排出租汽车服务	
3.6	客房、卫生间应每天全面整理一次，每日或应宾客要求更换床单、被套及枕套，客用品补充齐全	
3.7	应提供留言和叫醒服务。可应宾客要求提供洗衣服务	
3.8	客房内应 24h 提供热饮用水，免费提供茶叶或咖啡	
3.9	应提供早、中、晚餐服务	
3.10	应提供与饭店接待能力相适应的宴会或会议服务	
3.11	应为残障人士提供必要的服务	
	总体是否达标结论	

表 A.4　四星级饭店必备项目检查表

1	饭店总体要求	
1.1	建筑物外观和建筑结构有特色。饭店空间布局合理，方便宾客在饭店内活动	
1.2	内外装修应采用高档材料，符合环保要求，工艺精致，整体氛围协调	
1.3	各种指示用和服务用文字应至少用规范的中英文同时表示。导向标志清晰、实用、美观，导向系统的设置和公共信息图形符号应符合 GB/T 15566.8 和 GB/T 10001.1、GB/T 10001.2、GB/T 10001.4、GB/T 10001.9 的规定	
1.4	应有中央空调（别墅式度假饭店除外），各区域通风良好	
1.5	应有运行有效的计算机管理系统。主要营业区域均有终端，有效提供服务	
1.6	应有公共音响转播系统，背景音乐曲目、音量适宜，音质良好	
1.7	设施、设备应维护保养良好，无噪音，安全完好、整洁、卫生和有效	
1.8	应具备健全的管理规范、服务规范与操作标准	
1.9	员工应着工装，体现岗位特色	
1.10	员工训练有素，能用普通话和英语提供服务，必要时可用第二种外国语提供服务	
1.11	应有突发事件（突发事件应包括火灾、自然灾害、饭店建筑物和设备设施事故、公共卫生和伤亡事件、社会治安事件等）处置的应急预案，有年度实施计划，并定期演练	
1.12	应有与本星级相适应的节能减排方案并付诸实施	
1.13	应有系统的员工培训规划和制度，有员工培训设施	
2	前厅	
2.1	区位功能划分合理	
2.2	整体装修精致，有整体风格、色调协调、光线充足	
2.3	总服务台，位置合理，接待人员应 24h 提供接待、问询和结账服务，并能提供留言、总账单结账、国内和国际信用卡结算及外币兑换等服务	
2.4	应专设行李寄存处，配有饭店与宾客同时开启的贵重物品保险箱，保险箱位置安全、隐蔽，能够保护宾客的隐私	
2.5	应提供饭店基本情况、客房价目等信息，提供所在地旅游资源、当地旅游交通及全国旅游交通信息，并在总台能提供中英文所在地交通图、与住店宾客相适应的报刊	
2.6	在非经营区应设宾客休息场所	
2.7	门厅及主要公共区域应有符合标准的残疾人出入坡道，配备轮椅，有残疾人专用卫生间或厕位，为残障人士提供必要的服务	
2.8	应 24h 接受包括电话、传真或网络等渠道的客房预订	

（续上表）

2.9	应有门卫应接服务人员，18h 迎送宾客	
2.10	应有专职行李员，配有专用行李车，18h 提供行李服务，提供小件行李寄存服务	
2.11	应提供代客预订和安排出租汽车服务	
2.12	应有相关人员处理宾客关系	
2.13	应有管理人员 24h 在岗值班	
3	客房	
3.1	应有至少 40 间（套）可供出租的客房	
3.2	70% 客房的面积（不含卫生间）应不小于 $20m^2$	
3.3	应有标准间（大床房、双床房），有两种以上规格的套房（包括至少 3 个开间的豪华套房），套房布局合理	
3.4	装修高档。应有舒适的软垫床，配有写字台、衣橱及衣架、茶几、座椅或沙发、床头柜、全身镜、行李架等家具，布置合理。所有电器开关方便宾客使用。室内满铺高级地毯，或优质木地板或其他高级材料。采用区域照明，且目的物照明效果良好	
3.5	客房门能自动闭合，应有门窥镜、门铃及防盗装置。客房内应在显著位置张贴应急疏散图及相关说明	
3.6	客房内应有装修良好的卫生间。有抽水恭桶、梳妆台（配备面盆、梳妆镜和必要的盥洗用品）、有浴缸或淋浴间，配有浴帘或其他防溅设施。采取有效的防滑措施。采用高档建筑材料装修地面、墙面和天花，色调高雅柔和。采用分区照明且目的物照明效果良好。有良好的低噪音排风设施，温、湿度与客房适宜。有 110V/220V 不间断电源插座、电话副机。配有吹风机。24h 供应冷、热水，水龙头冷热标识清晰。所有设施设备均方便宾客使用	
3.7	客房内应有饭店专用电话机，可以直接拨通或使用预付费电信卡拨打国际、国内长途电话，并备有电话使用说明和所在地主要电话指南	
3.8	应有彩色电视机，画面和音质良好。播放频道不少于 16 个，备有频道目录	
3.9	应有防噪音及隔音措施，效果良好	
3.10	应有内窗帘及外层遮光窗帘，遮光效果良好	
3.11	应有至少两种规格的电源插座，电源插座应有两个以上供宾客使用的插位，位置合理，并可提供插座转换器。	
3.12	应有与本星级相适应的文具用品。配有服务指南、住宿须知、所在地旅游资源信息和旅游交通图等。可提供与住店宾客相适应的书报刊	
3.13	床上棉织用品（床单、枕芯、枕套、被芯、被套及床衬垫等）及卫生间针织用品（浴巾、浴衣、毛巾等）材质较好、柔软舒适	

（续上表）

3.14	客房、卫生间应每天全面整理一次，每日或应宾客要求更换床单、被套及枕套，客用品和消耗品补充齐全，并应宾客要求随时进房清理	
3.15	应提供互联网接入服务，并备有使用说明，使用方便	
3.16	应提供开夜床服务，放置晚安致意品	
3.17	应提供客房微型酒吧服务，至少50%的房间配备小冰箱，提供适量酒水和饮料，并备有饮用器具和价目单。免费提供茶叶或咖啡。提供冷热饮用水，可应宾客要求提供冰块	
3.18	应提供客衣干洗、湿洗、熨烫服务，可在24h内交还宾客。可提供加急服务	
3.19	应18h提供送餐服务。有送餐菜单和饮料单，送餐菜式品种不少于8种，饮料品种不少于4种，甜食品种不少于4种，有可挂置门外的送餐牌	
3.20	应提供留言及叫醒服务	
3.21	应提供宾客在房间会客服务，可应宾客要求及时提供加椅和茶水服务	
3.22	客房内应备有擦鞋用具，并提供擦鞋服务	
4	餐厅及吧室	
4.1	应有布局合理、装饰设计格调一致的中餐厅	
4.2	应有位置合理、格调优雅的咖啡厅（或简易西餐厅）。提供品质较高的自助早餐	
4.3	应有宴会单间或小宴会厅。提供宴会服务	
4.4	应有专门的酒吧或茶室	
4.5	餐具应按中外习惯成套配置，无破损，光洁、卫生	
4.6	菜单及饮品单应装帧精致，完整清洁，出菜率不低于90%	
5	厨房	
5.1	位置合理、布局科学，传菜路线不与非餐饮公共区域交叉	
5.2	厨房与餐厅之间，采取有效的隔音、隔热和隔气味措施。进出门自动闭合	
5.3	墙面满铺瓷砖，用防滑材料满铺地面，有地槽	
5.4	冷菜间、面点间独立分隔，有足够的冷气设备。冷菜间内有空气消毒设施和二次更衣设施	
5.5	粗加工间与其他操作间隔离，各操作间温度适宜，冷气供给充足	
5.6	应有必要的冷藏、冷冻设施，生熟食品及半成食品分柜置放，有干货仓库	
5.7	洗碗间位置合理，配有洗碗和消毒设施	
5.8	应有专门放置临时垃圾的设施并保持其封闭，排污设施（地槽、抽油烟机和排风口等）保持清洁通畅	
5.9	采取有效的消杀蚊蝇、蟑螂等虫害措施	
5.10	应有食品留样送检机制	

（续上表）

6	会议和康体设施	
6.1	应有至少两种规格的会议设施，配备相应设施并提供专业服务	
6.2	应有康体设施，布局合理，提供相应的服务	
7	公共区域	
7.1	饭店室外环境整洁美观	
7.2	饭店后台设施完备、导向清晰、维护良好	
7.3	应有回车线，并有足够泊位的停车场，提供相应的服务	
7.4	3层以上（含3层）建筑物应有数量充足的高质量客用电梯，轿厢装修高雅。配有服务电梯	
7.5	主要公共区域应有男女分设的间隔式公共卫生间，环境良好	
7.6	应有商品部，出售旅行日常用品、旅游纪念品等	
7.7	应有商务中心，可提供传真、复印、国际长途电话、打字等服务，有可供宾客使用的电脑，并可提供代发信件、手机充电等服务	
7.8	提供或代办市内观光服务	
7.9	应有公用电话	
7.10	应有应急照明设施和应急供电系统	
7.11	主要公共区域有闭路电视监控系统	
7.12	走廊及电梯厅地面应满铺地毯或其他高档材料，墙面整洁、有装修装饰，温度适宜、通风良好、光线适宜。紧急出口标识清楚醒目，位置合理，无障碍物。有符合规范的逃生通道、安全避难场所	
7.13	应有必要的员工生活和活动设施	
	总体是否达标结论	

表 A.5　五星级饭店必备项目检查表

1	总体要求	
1.1	建筑物外观和建筑结构应具有鲜明的豪华饭店的品质，饭店空间布局合理，方便宾客在饭店内活动	
1.2	内外装修应采用高档材料，符合环保要求，工艺精致，整体氛围协调，风格突出	
1.3	各种指示用和服务用文字应至少用规范的中英文同时表示。导向标志清晰、实用、美观，导向系统的设置和公共信息图形符号应符合 GB/T 15566.8 和 GB/T 10001.1、GB/T 10001.2、GB/T 10001.4、GB/T 10001.9 的规定	

（续上表）

1.4	应有中央空调（别墅式度假饭店除外），各区域空气质量良好	
1.5	应有运行有效的计算机管理系统，前后台联网，有饭店独立的官方网站或者互联网主页，并能够提供网络预订服务	
1.6	应有公共音响传播系统。背景音乐曲目、音量与所在区域和时间段相适应，音质良好	
1.7	设施、设备应维护保养良好，无噪音，安全完好、整洁、卫生和有效	
1.8	应具备健全的管理规范、服务规范与操作标准	
1.9	员工应着工装，工装设计专业、材质良好、做工精致	
1.10	员工训练有素，能用普通话和英语提供服务，必要时可用第二种外国语提供服务	
1.11	应有与本星级相适应的节能减排方案并付诸实施	
1.12	应有突发事件（突发事件应包括火灾、自然灾害、饭店建筑物和设备设施事故、公共卫生和伤亡事件、社会治安事件等）处置的应急预案，有年度实施计划，并定期演练	
1.13	应有系统的员工培训规划和制度，应有专门的教材、专职培训师及专用员工培训教室	
2	前厅	
2.1	功能划分合理，空间效果良好	
2.2	装饰设计有整体风格，色调协调，光线充足，整体视觉效果和谐	
2.3	总服务台位置合理，接待人员应24h提供接待、问询和结账等服务，并能提供留言、总账单结账、国内和国际信用卡结算、外币兑换等服务	
2.4	应专设行李寄存处，配有饭店与宾客同时开启的贵重物品保险箱，保险箱位置安全、隐蔽，能够保护宾客的隐私	
2.5	应提供饭店基本情况、客房价目等信息，提供所在地旅游资源、当地旅游交通及全国旅游交通的信息，并在总台能提供中英文所在地交通图、与住店宾客相适应的报刊	
2.6	在非经营区应设宾客休息场所	
2.7	门厅及主要公共区域应有符合标准的残疾人出入坡道，配备轮椅，有残疾人专用卫生间或厕位，为残障人士提供必要的服务	
2.8	应24h接受包括电话、传真或网络等渠道的客房预订	
2.9	应有专职的门卫应接服务人员，18h迎送宾客	
2.10	应有专职行李员，配有专用行李车，24h提供行李服务，提供小件行李寄存服务	

（续上表）

2.11	应提供代客预订和安排出租汽车服务	
2.12	应有专职人员处理宾客关系，18h 在岗服务	
2.13	应提供礼宾服务	
2.14	应有管理人员 24h 在岗值班	
3	客房	
3.1	应有至少 50 间（套）可供出租的客房	
3.2	70% 客房的面积（不含卫生间和门廊）应不小于 $20m^2$	
3.3	应有标准间（大床房、双床房），残疾人客房，两种以上规格的套房（包括至少 4 个开间的豪华套房），套房布局合理	
3.4	装修豪华，具有良好的整体氛围。应有舒适的床垫及配套用品。写字台、衣橱及衣架、茶几、座椅或沙发、床头柜、全身镜、行李架等家具配套齐全、布置合理、使用便利。所有电器开关方便宾客使用。室内满铺高级地毯，或用优质木地板或其他高档材料装饰。采用区域照明，目的物照明效果良好	
3.5	客房门能自动闭合，应有门窥镜、门铃及防盗装置。客房内应在显著位置张贴应急疏散图及相关说明	
3.6	客房内应有装修精致的卫生间。有高级抽水恭桶、梳妆台（配备面盆、梳妆镜和必要的盥洗用品）、浴缸并带淋浴喷头（另有单独淋浴间的可以不带淋浴喷头），配有浴帘或其他有效的防溅设施。采取有效的防滑措施。采用豪华建筑材料装修地面、墙面和天花，色调高雅柔和。采用分区照明且目的物照明效果良好。有良好的无明显噪音的排风设施，温、湿度与客房无明显差异。有 110V/220V 不间断电源插座、电话副机。配有吹风机。24h 供应冷、热水，水龙头冷热标识清晰。所有设施设备均方便宾客使用	
3.7	客房内应有饭店专用电话机，方便使用。可以直接拨通或使用预付费电信卡拨打国际、国内长途电话，并备有电话使用说明和所在地主要电话指南	
3.8	应有彩色电视机，画面和音质优良。播放频道不少于 24 个，频道顺序有编辑，备有频道目录	
3.9	应有背景音乐，音质良好，曲目适宜，音量可调	
3.10	应有防噪音及隔音措施，效果良好	
3.11	应有纱帘及遮光窗帘，遮光效果良好	
3.12	应有至少两种规格的电源插座，电源插座应有两个以上供宾客使用的插位，位置方便宾客使用，并可提供插座转换器	
3.13	应有与本星级相适应的文具用品。配有服务指南、住宿须知、所在地旅游景点介绍和旅游交通图等。提供与住店宾客相适应的报刊	

（续上表）

3.14	床上用棉织品（床单、枕芯、枕套、被芯、被套及床衬垫等）及卫生间针织用品（浴巾、浴衣、毛巾等）材质高档、工艺讲究、柔软舒适。可应宾客要求提供多种规格的枕头	
3.15	客房、卫生间应每天全面清理一次，每日或应宾客要求更换床单、被套及枕套，客用品和消耗品补充齐全，并应宾客要求随时进房清理	
3.16	应提供互联网接入服务，并备有使用说明，使用方便	
3.17	应提供开夜床服务，夜床服务效果良好	
3.18	应提供客房微型酒吧（包括小冰箱）服务，配置适量与住店宾客相适应的酒和饮料，备有饮用器具和价目单。免费提供茶叶或咖啡。提供冷热饮用水，可应宾客要求提供冰块	
3.19	应提供客衣干洗、湿洗、熨烫服务，可在24h内交还宾客。可提供加急服务	
3.20	应24h提供送餐服务。有送餐菜单和饮料单，送餐菜式品种不少于8种，饮料品种不少于4种，甜食品种不少于4种，有可挂置门外的送餐牌，送餐车应有保温设备	
3.21	应提供自动和人工叫醒、留言及语音信箱服务，服务效果良好	
3.22	应提供宾客在房间会客服务，应宾客的要求及时提供加椅和茶水服务	
3.23	客房内应备有擦鞋用具，并提供擦鞋服务	
4	餐厅及吧室	
4.1	各餐厅布局合理、环境优雅、空气清新，不串味，温度适宜	
4.2	应有装饰豪华、氛围浓郁的中餐厅	
4.3	应有装饰豪华、格调高雅的西餐厅（或外国特色餐厅）或风格独特的风味餐厅，均配有专门厨房	
4.4	应有位置合理、独具特色、格调高雅的咖啡厅，提供品质良好的自助早餐、西式正餐。咖啡厅（或有一餐厅）营业时间不少于18h	
4.5	应有3个以上宴会单间或小宴会厅。提供宴会服务，效果良好	
4.6	应有专门的酒吧或茶室	
4.7	餐具应按中外习惯成套配置，材质高档，工艺精致，有特色，无破损磨痕，光洁、卫生	
4.8	菜单及饮品单应装帧精美，完整清洁，出菜率不低于90%	
5	厨房	
5.1	位置合理、布局科学，传菜路线不与非餐饮公共区域交叉	
5.2	厨房与餐厅之间，采取有效的隔音、隔热和隔味措施。进出门分开并能自动闭合	

（续上表）

5.3	墙面满铺瓷砖，用防滑材料满铺地面，有地槽	
5.4	冷菜间、面点间独立分隔，有足够的冷气设备。冷菜间内有空气消毒设施	
5.5	冷菜间有二次更衣场所及设施	
5.6	粗加工间与其他操作间隔离，各操作间温度适宜，冷气供应充足	
5.7	洗碗间位置合理（紧临厨房与餐厅出入口），配有洗碗和消毒设施	
5.8	有必要的冷藏、冷冻设施，生熟食品及半成食品分柜置放。有干货仓库	
5.9	有专门放置临时垃圾的设施并保持其封闭，排污设施（地槽、抽油烟机和排风口等）保持畅通清洁	
5.10	采取有效的消杀蚊蝇、蟑螂等虫害措施	
5.11	应有食品化验室或留样送检机制	
6	会议康乐设施	
6.1	应有两种以上规格的会议设施，有多功能厅，配备相应的设施并提供专业服务	
6.2	应有康体设施，布局合理，提供相应的服务	
7	公共区域	
7.1	饭店室外环境整洁美观，绿色植物维护良好	
7.2	饭店后台区域设施完好、卫生整洁、维护良好，前后台的衔接合理，通往后台的标识清晰	
7.3	应有效果良好的回车线，并有与规模相适应泊位的停车场，有残疾人停车位，停车场环境效果良好，提供必要的服务	
7.4	3层以上（含3层）建筑物应有数量充足的高质量客用电梯，轿厢装饰高雅，速度合理，通风良好；另备有数量、位置合理的服务电梯	
7.5	各公共区域均应有男女分设的间隔式公共卫生间，环境优良，通风良好	
7.6	应有商品部，出售旅行日常用品、旅游纪念品等	
7.7	应有商务中心，可提供传真、复印、国际长途电话、打字等服务，有可供宾客使用的电脑，并可提供代发信件、手机充电等服务	
7.8	提供或代办市内观光服务	
7.9	应有公用电话，并配有便签	
7.10	应有应急照明设施和有应急供电系统	
7.11	主要公共区域有闭路电视监控系统	

（续上表）

7.12	走廊及电梯厅地面应满铺地毯或其他高档材料，墙面整洁、有装修装饰，温度适宜、通风良好、光线适宜。紧急出口标识清楚醒目，位置合理，无障碍物。有符合规范的逃生通道、安全避难场所	
7.13	应有充足的员工生活和活动设施	
	总体是否达标结论	

附录 B （规范性附录）设施设备评分表

表 B.1 设施、设备评分表

1	地理位置、周围环境、建筑结构及功能布局	30					
1.1	地理位置及周围环境		8				
1.1.1	地理位置			3			
	位于城市中心或商务区，旅游景区或度假区，机场、火车站、长途汽车站、码头等交通便利地带，可进入性好					3	
	靠近城市中心或商务区，旅游景区或度假区，机场、火车站、长途汽车站、码头，可进入性较好					2	
	可进入性一般					1	
1.1.2	周围环境（饭店建筑红线内）			5			
	花园（独立于饭店主体建筑的绿化场地，面积较大，有观赏景物或建筑小品，花木保养得当，环境整洁）					5	
	庭院（附属于饭店主体建筑，有一定的绿化和景观，可供散步、休闲，环境整洁）					3	
1.2	停车场（包括地下停车场、停车楼）		5				
1.2.1	停车位数量			4			
	自备停车场，车位不少于 40% 客房数					4	
	自备停车场，车位不少于 15% 客房数					3	
	在饭店周围 200m 内可以停放汽车，车位不少于 15% 客房数					2	
	有回车线					1	

（续上表）

1.2.2	合理利用空间，有地下停车场（停车楼）等			1			
1.3	建筑结构及功能布局		17				
1.3.1	前厅部位功能设施位置恰当、分隔合理，方便宾客使用（酌情给1分~3分）			3			
1.3.2	餐饮部位功能设施位置恰当、分隔合理，方便宾客使用（酌情给1分~3分）			3			
1.3.3	客房部位功能设施位置恰当、分隔合理，方便宾客使用（酌情给1分~3分）			3			
1.3.4	康乐及会议部位功能设施位置恰当、分隔合理，方便宾客使用（酌情给1分~3分）			3			
1.3.5	饭店建筑历史悠久，为文物保护单位			5			
	全国重点文物保护单位，建立并实施严格的文物保护措施					5	
	省级文物保护单位，建立并实施相应的文物保护措施					3	
	市、县级文物保护单位					1	
1.3.6	饭店配套设施不在主体建筑内又没有封闭通道相连（度假型饭店除外）			-5			
2	共用系统	52					
2.1	智能化管理系统		8				
2.1.1	结构化综合布线系统			2			
2.1.2	先进、有效的火灾报警与消防联动控制系统（含点报警、面报警、消防疏散广播等）			3			
2.1.3	先进的楼宇自动控制系统（新风/空调监控、供配电与照明监控、给排水系统监控等）			3			
2.2	信息管理系统		9				
2.2.1	覆盖范围			4			
	全面覆盖前后台，数据关联的饭店专用管理信息系统（前台管理系统、餐厅管理系统、财务管理系统、收益分析系统、人事管理系统、工程管理系统、库房管理系统、采购管理系统等数据流自动化处理并关联）					4	

（续上表）

	前后台均有独立的管理信息系统					2	
	只覆盖前台对客服务部门					1	
2.2.2	采取确保饭店信息安全的有效措施			2			
2.2.3	系统供应商			3			
	行业主流供应商，系统先进、运行稳定					3	
	非主流供应商					1	
2.3	互联网		8				
2.3.1	覆盖范围			6			
	所有的客房配有互联网接口（有线、无线均可）					2	
	所有的会议室均有互联网接口（有线、无线均可）					2	
	所有的大堂区域均有无线网络覆盖					1	
	咖啡厅和大堂酒吧提供有线互联网接口（或有无线网络覆盖）					1	
2.3.2	应用			2			
	有独立网站，具有实时网上预订功能（非第三方订房网站）					2	
	在互联网上有饭店的独立网页和电子邮件地址					1	
2.4	空调系统		5				
2.4.1	四管制中央空调系统			5			
2.4.2	两管制中央空调系统			3			
2.4.3	无中央空调系统，但客房、餐厅及公共区域采用窗式、分体式或柜式空调			1			
2.5	应急供电		6				
2.5.1	自备发电设施					3	
2.5.2	应急供电系统（指两路以上供电）					2	
2.5.3	应急照明设施					1	
2.6	移动电话信号覆盖所有客房及公共区域		2				
2.7	节能措施与环境管理		14				
2.7.1	有建筑节能设计（如自然采光、新型墙体材料、环保装饰材料等）			2			

（续上表）

2.7.2	采用有新能源的设计与运用（如太阳能、生物能、风能、地热等）			2			
2.7.3	采用环保设备和用品（使用溴化锂吸收式等环保型冷水机组、使用无磷洗衣粉、使用环保型冰箱、不使用哈龙灭火器等）			2			
2.7.4	采用节能产品（如节能灯、感应式灯光、水龙头控制等），采取节能及环境保护的有效措施（客房内环保提示牌，不以野生保护动物为食品原料等）			2			
2.7.5	有中水处理系统			2			
2.7.6	有污水、废气处理设施			2			
2.7.7	垃圾房			2			
	有垃圾房及相应管理制度，并有湿垃圾干处理装置					2	
	有垃圾房及相应管理制度					1	
3	前厅	62					
3.1	地面装饰		8				
	采用高档花岗岩、大理石或其他高档材料（材质高档、色泽均匀、拼接整齐、工艺精致、装饰性强，与整体氛围相协调）					8	
	采用优质花岗岩、大理石或其他材料（材质良好，工艺较好）					6	
	采用普通花岗岩、大理石或其他材料（材质一般，有色差）					4	
	采用普通材料（普通木地板、地砖等）					2	
3.2	墙面装饰		6				
	采用高档花岗岩、大理石或其他高档材料（材质高档、色泽均匀、拼接整齐、工艺精致、装饰性强，与整体氛围相协调）					6	
	采用优质木材或高档墙纸（布）（立面有线条变化，高档墙纸包括丝质及其他天然原料墙纸）					4	
	采用普通花岗岩、大理石或木材					2	

（续上表）

	采用墙纸或喷涂材料					1	
3.3	天花		5				
	工艺精致、造型别致，与整体氛围相协调					5	
	工艺较好，格调一般					3	
	有一定装饰					1	
3.4	艺术装饰		2				
	有壁画或浮雕或其他艺术品装饰					2	
	有简单艺术装饰					1	
3.5	家具（梳妆台、沙发等）		5				
	设计专业、材质高档、工艺精致、摆设合理、使用方便、舒适					5	
	材质较好，工艺较好					3	
	材质普通，工艺一般					1	
3.6	灯具与照明		5				
	照明设计有专业性，采用高档定制灯具，功能照明、重点照明、氛围照明和谐统一					5	
	采用高档灯具，照明整体效果较好					3	
	采用普通灯具，照明效果一般					1	
3.7	整体装饰效果		4				
	色调协调，氛围浓郁，有中心艺术品，感观效果突出					4	
	有艺术品装饰，工艺较好，氛围一般					2	
	有一定的装饰品					1	
3.8	公共卫生间		9				
3.8.1	位置合理（大堂应设置公共卫生间，且与大堂在同一楼层）			2			
3.8.2	材料、装修和洁具（对所有公共卫生间分别打分，取算术平均值的整数部分）			3			
	设计专业（洁具、灯光、冷热水、照明、通风、空调等），采用高档装修材料，装修工艺精致，采用高级洁具					3	
	采用较高档装修材料，装修工艺较好，采用较好洁具					2	

（续上表）

	采用普通装修材料，装修工艺一般，采用普通洁具					1	
3.8.3	残疾人卫生间			2			
	有残疾人专用卫生间					2	
	有残疾人专用厕位					1	
3.8.4	公共卫生间设施（少一项，扣1分）						
	抽水恭桶						
	卫生纸						
	污物桶						
	半身镜						
	洗手盆						
	洗手液或香皂						
	烘手机或擦手纸						
3.8.5	每个抽水恭桶都有单独的隔间，隔间的门有插销，所有隔间都配置衣帽钩			1			
3.8.6	每两个男用小便器中间有隔板，使用自动冲水装置			1			
3.9	客用电梯		10				
3.9.1	数量			2			
	不少于平均每70间客房一部客用电梯					2	
	不少于平均每100间客房一部客用电梯					1	
3.9.2	性能优良、运行平稳、梯速合理			2			
3.9.3	内饰与设备			4			
3.9.3.1	有一定装饰、照明充足				0.5		
3.9.3.2	有饭店主要设施楼层指示				0.5		
3.9.3.3	有扶手杆				0.5		
3.9.3.4	有通风系统				0.5		
3.9.3.5	有与外界联系的对讲功能				0.5		
3.9.3.6	有残疾人专用按键				0.5		
3.9.3.7	轿厢两侧均有按键				0.5		
3.9.3.8	有抵达行政楼层或豪华套房楼层的专用控制措施				0.5		

（续上表）

3.9.4	有观光电梯			1			
3.9.5	有自动扶梯			1			
3.10	贵重物品保险箱		2				
3.10.1	数量不少于客房数量的8%，不少于两种规格			1			
3.10.2	位置隐蔽、安全，能保护宾客隐私			1			
3.11	前厅整体舒适度		6				
3.11.1	绿色植物、花卉摆放得体，插花有艺术感，令宾客感到自然舒适			2			
3.11.2	光线、温度适宜			2			
3.11.3	背景音乐曲目适宜、音质良好、音量适中，与前厅整体氛围协调			2			
3.11.4	异味，烟尘，噪音，强风（扣分，每项扣1分）			-4			
3.11.5	置于前厅明显位置的商店、摊点影响整体氛围			-4			
4	客房	191					
4.1	普通客房（4.1~4.10均针对普通客房打分）		26				
4.1.1	70%客房的净面积（不包括卫生间和门廊）			16			
	不小于$36m^2$					16	
	不小于$30m^2$					12	
	不小于$24m^2$					8	
	不小于$20m^2$					6	
	不小于$16m^2$					4	
	不小于$14m^2$					2	
4.1.2	净高度			4			
	不低于3m					4	
	不低于2.7m					2	
4.1.3	软床垫（长度不小于1.9m），宽度			6			
4.1.3.1	单人床				3		
	不小于1.35m					3	
	不小于1.2m					2	

（续上表）

	不小于 1.1m					1	
4.1.3.2	双人床				3		
	不小于 2.2m					3	
	不小于 2.0m					2	
	不小于 1.8m					1	
4.2	装修与装饰		11				
4.2.1	地面			3			
	采用优质地毯或木地板，工艺精致					3	
	采用高档地砖、普通地毯或木地板，工艺较好					2	
	采用普通地砖或水磨石地面，工艺一般					1	
4.2.2	墙面			2			
	采用高级墙纸或其他优质材料，有艺术品装饰					2	
	采用普通涂料或墙纸					1	
4.2.3	天花有装饰			2			
4.2.4	整体装饰效果			4			
	工艺精致、色调协调、格调高雅					4	
	工艺较好、格调统一					2	
	工艺一般					1	
4.3	家具		7				
4.3.1	档次			4			
	设计专业、材质高档、工艺精致、摆设合理、使用方便、舒适					4	
	材质较好、工艺较好					2	
	材质普通、工艺一般					1	
4.3.2	衣橱			3			
	步入式衣物储藏间					3	
	进深不小于 55cm，宽度不小于 110cm					2	
	进深不小于 45cm，宽度不小于 90cm					1	
4.4	灯具和照明		11				

（续上表）

4.4.1	灯具配备			9			
4.4.1.1	主光源（顶灯或槽灯）				1		
4.4.1.2	门廊照明灯				1		
4.4.1.3	床头照明灯				1		
4.4.1.4	写字台照明灯				1		
4.4.1.5	衣柜照明灯				1		
4.4.1.6	行李柜照明灯				1		
4.4.1.7	小酒吧照明灯				1		
4.4.1.8	装饰物照明灯				1		
4.4.1.9	夜灯				1		
4.4.2	灯光控制			2			
	各灯具开关位置合理，床头有房间灯光“一键式”总控制开关，标识清晰，方便使用					2	
	各灯具开关位置合理，方便使用					1	
4.5	彩色电视机		6				
4.5.1	类型与尺寸			3			
	平板电视，不小于 25 英寸					3	
	普通电视，不小于 25 英寸					2	
	普通电视，不小于 21 英寸					1	
4.5.2	频道和节目			2			
	卫星、有线闭路电视节目不少于 30 套					1	
	外语频道或外语节目不少于 3 套					1	
4.5.3	有电视频道指示说明及电视节目单			1			
4.6	客房电话		5				
4.6.1	程控电话机，有直拨国际、国内长途功能			1			
4.6.2	有语音信箱及留言指示灯			1			
4.6.3	电话机上有饭店常用电话号码和使用说明			1			
4.6.4	附设写字台电话（双线制）			1			
4.6.5	配备本地电话簿			1			

（续上表）

4.7	微型酒吧（包括小冰箱）		5				
4.7.1	数量			3			
	100%的客房有微型酒吧（包括小冰箱）					3	
	不少于50%的客房有微型酒吧（包括小冰箱）					1	
4.7.2	提供适量饮品和食品，并配备相应的饮具			1			
4.7.3	100%以上客房配备静音、节能、环保型小冰箱			1			
4.8	客房便利设施及用品		12				
4.8.1	电热水壶			1			
4.8.2	熨斗和熨衣板			1			
4.8.3	西装衣撑			1			
4.8.4	每房不少于4个西服衣架、2个裤架和2个裙架			1			
4.8.5	不间断电源插座（国际通用制式）不少于两处，并有明确标识，方便使用			1			
4.8.6	吹风机			1			
4.8.7	浴衣（每客1件）			1			
4.8.8	备用被毯（每床1条）			1			
4.8.9	咖啡（含伴侣、糖），配相应杯具			1			
4.8.10	环保或纸制礼品袋（每房2个）			1			
4.8.11	针线包			1			
4.8.12	文具（含铅笔、橡皮、曲别针等）			1			
4.9	客房必备物品（少一项，扣1分）						
	服务指南（含欢迎词、饭店各项服务简介）						
	笔						
	信封（每房不少于2个）						
	信纸（每房不少于4张）						
	免费茶叶						
	暖水瓶（有电热水壶可不备）						
	凉水瓶（或免费矿泉水）						
	擦鞋用具（每房2份）						

（续上表）

	“请勿打扰”、“请清理房间”挂牌或指示灯						
	垃圾桶						
	根据不同床型配备相应数量的枕芯、枕套、床单、毛毯或棉被						
4.10	客房卫生间		50				
4.10.1	70%的客房卫生间面积			8			
	不小于 $8m^2$					8	
	不小于 $6m^2$					6	
	不小于 $5m^2$					4	
	不小于 $4m^2$					2	
	小于 $4m^2$					1	
4.10.2	卫生间装修			6			
	专业设计，全部采用高档材料装修（优质大理石、花岗岩等）、工艺精致，采用统一风格的高级品牌卫浴设施					6	
	采用高档材料装修，工艺较好					4	
	采用普通材料装修，工艺一般					2	
4.10.3	卫生间设施布局			4			
	不少于50%的客房卫生间淋浴、浴缸、恭桶分隔					4	
	不少于50%的客房卫生间淋浴和浴缸分隔					3	
	不少于50%的客房卫生间有浴缸					1	
4.10.4	面盆及五金件			2			
	高档面盆及配套五金件					2	
	普通面盆及五金件					1	
4.10.5	浴缸及淋浴			12			
4.10.5.1	浴缸和淋浴间均有单独照明，分区域照明充足				1		
4.10.5.2	完全打开热水龙头，水温在15秒内上升到46℃～51℃，水温稳定				1		
4.10.5.3	水流充足（水压为0.2MPa～0.35MPa）、水质良好				1		
4.10.5.4	淋浴间下水保持通畅，不外溢				1		

（续上表）

4.10.5.5	浴缸				3		
	高档浴缸（配带淋浴喷头）及配套五金件					3	
	普通浴缸（配带淋浴喷头）或只有淋浴间					1	
4.10.5.6	所有浴缸上方安装扶手，符合安全规定				1		
4.10.5.7	淋浴喷头的水流可以调节				1		
4.10.5.8	淋浴有水流定温功能				1		
4.10.5.9	配备热带雨林喷头				1		
4.10.5.10	浴缸及淋浴间配有防滑设施（或有防滑功能）				1		
4.10.6	恭桶			3			
	高档节水恭桶					3	
	普通节水恭桶					1	
4.10.7	其他			15			
4.10.7.1	饮用水系统				2		
4.10.7.2	梳妆镜				2		
	防雾梳妆镜					2	
	普通梳妆镜					1	
4.10.7.3	化妆放大镜				1		
4.10.7.4	面巾纸				1		
4.10.7.5	110V/220V 不间断电源插座（低电流）				1		
4.10.7.6	晾衣绳				1		
4.10.7.7	呼救按钮或有呼救功能的电话				1		
4.10.7.8	连接客房电视的音响装置				1		
4.10.7.9	体重秤				1		
4.10.7.10	电话副机（方便宾客取用）				1		
4.10.7.11	浴室里挂钩不少于 1 处，方便使用				1		
4.10.7.12	浴帘或其他防溅设施				1		
4.10.7.13	浴巾架				1		

（续上表）

4.10.8	卫生间客用必备品（少一项，扣1分）						
4.10.8.1	漱口杯（每房2个）						
4.10.8.2	浴巾（每房2条）						
4.10.8.3	地巾						
4.10.8.4	面巾（每房2条）						
4.10.8.5	卫生袋						
4.10.8.6	卫生纸						
4.10.8.7	垃圾桶						
4.11	套房		14				
4.11.1	数量			3			
	不少于客房总数的20%（不包括连通房）					3	
	不少于客房总数的10%（不包括连通房）					2	
	不少于客房总数的5%（不包括连通房）					1	
4.11.2	规格			6			
4.11.2.1	至少有三种规格的套房				2		
4.11.2.2	有豪华套房				4		
	至少有卧室2间，会客室、餐厅、书房各1间，卫生间3间					4	
	至少有卧室2间、会客室1间、餐厅或书房各1间，卫生间3间					2	
4.11.3	套房卫生间			5			
4.11.3.1	有供主人和来访宾客分别使用的卫生间				2		
4.11.3.2	有由卧室和客厅分别直接进入的卫生间（双门卫生间）				1		
4.11.3.3	有音响装置				1		
4.11.3.4	配有电视机				1		
4.12	有残疾人客房，配备相应的残障设施		2				
4.13	设无烟楼层		2				
4.14	客房舒适度		35				
4.14.1	布草			15			

（续上表）

4. 14. 1. 1	床单、被套、枕套的纱支规格				6		
	不低于 80×60 支纱					6	
	不低于 60×40 支纱					3	
	不低于 40×40 支纱					1	
4. 14. 1. 2	床单、被套、枕套的含棉量为 100%				1		
4. 14. 1. 3	毛巾（含浴巾、面巾、地巾、方巾等）的纱支规格				2		
	32 支纱（或螺旋 16 支），含棉量为 100%					2	
	不低于 16 支纱					1	
4. 14. 1. 4	毛巾（含浴巾、面巾、地巾、方巾等）规格（一个规格不达标扣 0. 5 分，扣满 2 分以上，降低一档）				6		
	浴巾：不小于 1 400mm×800mm，重量不低于 750g；面巾：不小于 750mm×350mm，重量不低于 180g；地巾：不小于 800mm×500mm，重量不低于 450g；方巾：不小于 320mm×320mm，重量不低于 55g					6	
	浴巾：不小于 1 300mm×700mm，重量不低于 500g；面巾：不小于 600mm×300mm，重量不低于 120g；地巾：不小于 700mm×400mm，重量不低于 320g；方巾：不小于 300mm×300mm，重量不低于 45g					3	
	浴巾：不小于 1 200mm×600mm，重量不低于 400g；面巾：不小于 550mm×300mm，重量不低于 110g；地巾：不小于 650mm×350mm，重量不低于 280g					1	
4. 14. 2	床垫硬度适中、无变形，可提供 3 种以上不同类型的枕头			2			
4. 14. 3	温度			3			
4. 14. 3. 1	室内温度可调节				2		
4. 14. 3. 2	公共区域与客房区域温差不超过 5℃				1		
4. 14. 4	相对湿度：冬季为 50%～55%，夏季为 45%～50%			2			
4. 14. 5	客房门、墙、窗、天花、卫生间采取隔音措施，效果良好			2			
	客房隔音效果差，或部分客房靠近高噪音设施（如歌舞厅、保龄球场、洗衣房等），影响宾客休息					−4	

（续上表）

4.14.6	窗帘与客房整体设计匹配，有纱帘，方便开闭，密闭遮光效果良好			2			
4.14.7	照明效果			3			
	专业设计，功能照明、重点照明、氛围照明和谐统一					3	
	有目的物照明光源，满足不同区域的照明需求					2	
	照明效果一般					1	
4.14.8	客用品方便取用，插座、开关位置合理，方便使用			2			
4.14.9	艺术品、装饰品搭配协调，布置雅致；家具、电器、灯饰档次匹配，色调和谐			2			
4.14.10	电视机和背景音乐系统的音质、画质良好，节目及音量调节方便有效			2			
4.15	客房走廊及电梯厅		5				
4.15.1	走廊宽度不小于1.8m，高度不低于2.3m			1			
4.15.2	光线适宜			1			
4.15.3	通风良好，温度适宜			1			
4.15.4	客房门牌标识醒目，制作精良			1			
4.15.5	管道井、消防设施的装饰与周边氛围协调			1			
5	餐饮	59					
5.1	餐厅（5.1~5.2对各个餐厅分别打分，然后根据餐厅数量取算术平均值的整数部分）		32				
5.1.1	布局			8			
5.1.1.1	接待区装饰风格（接待台、预订台）与整体氛围协调				1		
5.1.1.2	有宴会单间或小宴会厅				3		
5.1.1.3	靠近厨房，传菜线路不与非餐饮公共区域交叉				2		
5.1.1.4	有酒水台				1		
5.1.1.5	有分区设计，有绿色植物或一定装饰品				1		
5.1.2	装饰			11			
5.1.2.1	地面装饰				4		

（续上表）

	采用优质花岗岩、大理石、地毯、木地板或其他与整体装饰风格相协调的高档材料（材质高档、色泽均匀、拼接整齐、装饰性强，与整体氛围相协调）					4	
	采用普通大理石、地毯、木地板或其他材料（材质一般，有色差，拼接整齐，装饰性较强）					2	
	采用普通材料（普通木地板、地砖等）					1	
5.1.2.2	墙面装饰				4		
	采用优质花岗岩、大理石或其他与整体装饰风格相协调的高档材料（材质高档、色泽均匀、拼接整齐、装饰性强，与整体氛围相协调）					4	
	采用优质木材或高档墙纸（布）（立面有线条变化，高档墙纸包括丝质及其他天然原料墙纸）					3	
	采用普通花岗岩、大理石、木材					2	
	采用普通墙纸或喷涂材料					1	
5.1.2.3	天花				3		
	工艺精致、造型别致、格调高雅					3	
	工艺较好，格调一般					2	
	有一定装饰					1	
5.1.3	家具			3			
	设计专业、材质高档、工艺精致、摆设合理、使用方便、舒适					3	
	材质较好，工艺较好					2	
	材质普通，工艺一般					1	
5.1.4	灯具与照明			3			
	照明设计有专业性，采用高档定制灯具，功能照明、重点照明、照明氛围和谐统一					3	
	采用高档灯具，照明整体效果较好					2	
	采用普通灯具，照明效果一般					1	
5.1.5	餐具			3			

（续上表）

	高档材质，工艺精致，有一定的艺术性，与整体氛围协调					3	
	较好材质与工艺					2	
	一般材质与工艺					1	
5.1.6	菜单及酒水单			3			
	用中文、英文及相应外文印制，有独立酒水单，装帧精美，出菜率不低于90%					3	
	用中英文印刷，装帧较好，出菜率不低于90%					2	
	有中文菜单，保持完整、清洁					1	
5.1.7	不使用一次性筷子和一次性湿毛巾，不使用塑料桌布			1			
5.2	厨房		12				
5.2.1	应有与餐厅经营面积和菜式相适应的厨房区域（含粗细加工间、面点间、冷菜间、冻库等）			2			
5.2.2	为某特定类型餐厅配有专门厨房（每个1分，最多2分）			2			
5.2.3	位置合理、布局科学，传菜路线不与非餐饮公共区域交叉			2			
5.2.4	冷、热制作间分隔			1			
5.2.5	配备与厨房相适应的保鲜和冷冻设施，生熟分开			1			
5.2.6	粗细加工间分隔			1			
5.2.7	洗碗间位置合理			1			
5.2.8	厨房与餐厅间采用有效的隔音、隔热、隔味措施			1			
5.2.9	厨房内、灶台上采取有效的通风、排烟措施			1			
5.3	酒吧、茶室及其他吧室		7				
5.3.1	装修与装饰（包含台、家具、餐具、饮具等）			4			
	专业设计，材质高档，工艺精致，氛围协调，呈现一定主题					4	
	较好材质与工艺					2	
	普通材质与工艺					1	
5.3.2	氛围			3			
	环境高雅、独特，装饰及灯光设计有专业性					3	
	氛围较好					2	
	氛围一般					1	

（续上表）

5.4	餐饮区域整体舒适度		8				
5.4.1	整体设计有专业性，格调高雅，色调协调，有艺术感			2			
5.4.2	温、湿度适宜，通风良好，无炊烟及烟酒异味			2			
5.4.3	专业设计照明，环境舒适，无噪音。背景音乐曲目、音量适宜，音质良好			2			
5.4.4	餐具按各菜式习惯配套齐全，无破损，无水迹			2			
5.4.5	任一餐厅（包括宴会厅）与其厨房不在同一楼层			-2			
6	安全设施	16					
6.1	客房安全设施		8				
6.1.1	电子卡门锁或其他高级门锁			2			
6.1.2	客房门有自动闭合功能			1			
6.1.3	贵重物品保险箱			3			
6.1.3.1	位置隐蔽，照明良好，方便使用				1		
6.1.3.2	数量				2		
	100%的客房配备					2	
	不少于50%的客房配备					1	
6.1.4	客房配备逃生电筒，使用有效			1			
6.1.5	客房配备与宾客人数相等的防毒面具			1			
6.2	公共区域	6					
6.2.1	有安保人员24h值班、巡逻			2			
6.2.2	闭路电视监控			2			
	覆盖饭店所有公共区域。画面清晰，定期保存监控资料（以当地有关部门规定为准）					2	
	电梯、大堂、走廊、停车场出入口等主要公共区域有闭路电视监控					1	
6.2.3	通往后台区域有明显提示，有安全可靠的钥匙管理制度			1			
6.2.4	各通道显著位置设有紧急出口标志			1			
6.3	食品安全		2				
	设食品留样化验室，并有相应管理制度					2	

（续上表）

	设食品留样柜					1	
7	员工设施	7					
7.1	有独立的员工食堂		1				
7.2	有独立的更衣间		1				
7.3	有员工浴室		1				
7.4	有倒班宿舍		1				
7.5	有员工专用培训教室，配置必要的教学仪器和设备		1				
7.6	有员工活动室		1				
7.7	有员工电梯（或服务电梯）		1				
8	特色类别	183					
8.1	商务会议型旅游饭店设施		70				
8.1.1	行政楼层			14			
8.1.1.1	专设接待台，可办理入住、离店手续，并提供问讯、留言等服务				1		
8.1.1.2	提供电脑上网、复印、传真等服务				1		
8.1.1.3	有小会议室或洽谈室				1		
8.1.1.4	有餐饮区域（行政酒廊，提供早餐、欢乐时光、下午茶），面积与行政楼层客房数相匹配，应设置备餐间				4		
8.1.1.5	设阅览、休息区域				1		
8.1.1.6	可提供管家式服务				2		
8.1.1.7	设公共卫生间				1		
8.1.1.8	行政楼层的客房				3		
8.1.1.8.1	客用品配置高于普通楼层客房					2	
8.1.1.8.2	附设写字台电话，且有一键式呼叫管家服务按钮					1	
8.1.2	大宴会厅或多功能厅（应配有与服务面积相匹配的厨房）			23			
8.1.2.1	面积（面积计算以固定隔断为准，序厅面积达不到要求，减1分）				6		
	无柱，不小于 $800m^2$ 且序厅不小于 $250m^2$					6	

（续上表）

	不小于 $500m^2$ 且序厅不小于 $150m^2$					4	
	不小于 $240m^2$ 且序厅不小于 $70m^2$					2	
8.1.2.2	净高度				3		
	不低于 6m					3	
	不低于 5m					2	
	不低于 3.5m					1	
8.1.2.3	设专用入口				1		
8.1.2.4	设专用通道（楼梯、自动扶梯等）				1		
8.1.2.5	装修与装饰				4		
	专业设计，材质高档，工艺精致，氛围协调					4	
	材质高档，工艺较好					2	
	材质一般，工艺一般					1	
8.1.2.6	音响效果良好，隔音效果良好				1		
8.1.2.7	通风良好，温度适宜				1		
8.1.2.8	配设衣帽间				1		
8.1.2.9	灯光				3		
	专业设计，可营造不同氛围					3	
	灯光分区控制，亮度可调节					2	
	灯光分区控制					1	
8.1.2.10	设贵宾休息室，位置合理，并有专用通道进入大宴会厅				2		
8.1.3	会议厅			12			
8.1.3.1	面积（如有多个会议厅，可以累计得分，但总分不超过 8 分）				4		
	不小于 $400m^2$					4	
	不小于 $300m^2$					3	
	不小于 $200m^2$					2	
8.1.3.2	有座席固定的会议厅				2		
8.1.3.3	小会议室（至少容纳 8 人开会）				3		
	不少于 4 个					3	

（续上表）

	不少于2个					1	
8.1.3.4	通风良好，温度适宜				1		
8.1.3.5	灯光分区控制，亮度可调节，遮光效果良好				1		
8.1.3.6	隔音效果良好				1		
8.1.4	会议设施			4			
8.1.4.1	同声传译功能设置（设备可租借）				1		
8.1.4.2	电视电话会议功能设置（设备可租借）				1		
8.1.4.3	多媒体演讲系统（电脑、即席发言麦克风、投影仪、屏幕等）				1		
8.1.4.4	各会议室音响效果良好				1		
8.1.5	展览厅（布展面积）			8			
	至少5 000m²，层高不低于10m					8	
	至少2 000m²，层高不低于7m					4	
8.1.6	商务中心			9			
8.1.6.1	位置合理，方便宾客使用				1		
8.1.6.2	配备完整的办公设施（包括复印机、打印机、传真机、装订机、手机充电器等），提供秘书服务，报刊杂志				2		
8.1.6.3	装修与装饰				3		
	专业设计，材质高档，工艺精致，与整体氛围协调，与饭店规模与档次匹配					3	
	材质较好，工艺较好					2	
	材质一般，工艺一般					1	
8.1.6.4	有洽谈室（或出租式办公室）				2		
8.1.6.5	有相对独立的区域，提供可联结互联网的电脑				1		
8.2	休闲度假型旅游饭店设施		65				
8.2.1	温泉浴场			5			
	自用温泉浴场（饭店同一业主投资经营）					5	
	邻近温泉浴场（1km以内）					2	
8.2.2	海滨浴场			5			

（续上表）

	自用海滨浴场或有租用 5 年以上合同（饭店同一业主投资经营）					5	
	邻近海滨浴场（1km 以内）					2	
8.2.3	滑雪场			5			
	自用滑雪场（饭店同一业主投资经营）					5	
	邻近滑雪场（5km 以内）					2	
8.2.4	高尔夫球场			5			
	18 洞以上的自用高尔夫球场（饭店同一业主投资经营）					5	
	邻近 18 洞以上的高尔夫球场（5km 以内）					2	
8.2.5	客房阳台			2			
	不少于 50% 的客房有阳台					2	
	不少于 30% 的客房有阳台					1	
8.2.6	除必备要求外，有多种风味餐厅			5			
	风味餐厅数量不少于 3 个					5	
	风味餐厅数量不少于 2 个					3	
8.2.7	游泳池			10			
8.2.7.1	室内游泳池面积				3		
	不小于 $250m^2$					3	
	不小于 $150m^2$					2	
	不小于 $80m^2$					1	
8.2.7.2	室外游泳池面积				2		
	不小于 $300m^2$					2	
	不小于 $150m^2$					1	
8.2.7.3	有池水循环过滤系统				1		
8.2.7.4	有消毒池				1		
8.2.7.5	有戏水池				1		
8.2.7.6	有水深、水温和水质的明显指示标志（立式或墙上）				1		
8.2.7.7	有扶手杆，在明显位置悬挂救生设备，有安全说明，并有专人负责现场安全与指导，有应急照明设施				1		

（续上表）

8.2.8	桑拿浴			2			
8.2.8.1	男女分设				1		
8.2.8.2	有呼叫按钮和安全提示				1		
8.2.9	蒸汽浴			2			
8.2.9.1	男女分设				1		
8.2.9.2	有呼叫按钮和安全提示				1		
8.2.10	专业保健理疗			1			
8.2.11	水疗			7			
8.2.11.1	装修装饰				3		
	专业灯光、音响设计，装修材质高档、工艺精致，氛围浓郁					3	
	装修材料普通，装修工艺一般					1	
8.2.11.2	配有专业水疗技师				2		
8.2.11.3	专业水疗用品商店				1		
8.2.11.4	有室外水疗设施				1		
8.2.12	壁球室（每个1分，最多2分）			2			
8.2.13	室内网球场（每个2分，最多4分）			4			
8.2.14	室外网球场（每个1分，最多2分）			2			
8.2.15	室外高尔夫练习场			2			
8.2.16	室内电子模拟高尔夫			1			
8.2.17	有儿童活动场所和设施，并有专人看护			1			
8.2.18	其他运动娱乐休闲项目（每类1分，最多4分）			4			
8.3	其他		48				
8.3.1	健身房			18			
8.3.1.1	布局合理，通风良好，照明良好（与客房区域相对隔离）				2		
8.3.1.2	自然采光，光线充足				2		
8.3.1.3	装修装饰				3		
	专业设计，装修材质高档、工艺精致，氛围营造突出					3	
	装修材质较好，工艺较好					2	
	装修材料普通，工艺一般					1	

（续上表）

8.3.1.4	面积				4		
	不小于 200m^2					4	
	不小于 100m^2					2	
	不小于 50m^2					1	
8.3.1.5	器械				2		
	专业健身器械，不少于 10 种					2	
	不少于 5 种					1	
8.3.1.6	有音像设施和器械使用说明				1		
8.3.1.7	有专用形体房，并开设一定形体课程				2		
8.3.1.8	配备专业健身教练，提供专业指导				2		
8.3.2	更衣室			7			
8.3.2.1	面积和数量				2		
	面积宽敞，更衣箱数量不少于客房总数的 15%，门锁可靠					2	
	面积宽敞，更衣箱数量不少于客房总数的 10%，门锁可靠					1	
8.3.2.2	配备数量适当的座椅				1		
8.3.2.3	有淋浴设施，并有洗浴、洗发用品				2		
8.3.2.4	有化妆台，并备有吹风机和护肤、美发用品				1		
8.3.2.5	有太阳浴设备				1		
8.3.3	专用团队宾客接待台			1			
8.3.4	团队宾客专用出入口			1			
8.3.5	美容美发室			1			
8.3.6	歌舞厅或演艺厅或 KTV			2			
8.3.7	影剧场，舞台设施和舞台照明系统能满足一般演出需要			2			
8.3.8	定期歌舞表演			1			
8.3.9	专卖店或商场（对于度假型饭店，应提供当地特色产品或食品）			2			
8.3.10	旅游信息电子查询系统			1			
8.3.11	品牌化、集团化程度			2			
	委托专业饭店管理公司管理					2	

（续上表）

	品牌特许经营方式，国内同一品牌加盟店 20 家以上					1	
8. 3. 12	饭店总经理资质			2			
8. 3. 12. 1	总经理连续 5 年以上担任同星级饭店高级管理职位				1		
8. 3. 12. 2	总经理接受过全国或省级旅游岗位培训指导机构开展的饭店管理专业教育或培训，取得全国旅游行业岗位职务培训证书				1		
8. 3. 13	员工中通过“饭店职业英语等级测试”的人数比率			2			
	通过率 20% 以上					2	
	通过率 15% 以上					1	
8. 3. 14	饭店在前期设计或改造工程的决策中			3			
	采纳相应星级评定机构的意见					3	
	征询相应星级评定机构的意见					1	
8. 3. 15	在商务会议、度假特色类别中集中选项，得分率超过 70%			3			
	总分	600					

附录 C （规范性附录）饭店运营质量评价表

表 C.1 饭店运营质量评价表

1. 总体要求					
1.1	管理制度与规范	优	良	中	差
1.1.1	有完备的规章制度	6	4	2	1
1.1.2	有完备的操作程序	6	4	2	1
1.1.3	有完备的服务规范	6	4	2	1
1.1.4	有完备的岗位安全责任制与各类突发事件应急预案，有培训、演练计划和实施记录	6	4	2	1
1.1.5	制订饭店人力资源规划，有明确的考核、激励机制。有系统的员工培训制度和实施记录。企业文化特色鲜明	6	4	2	1
1.1.6	建立能源管理与考核制度。有完备的设备设施运行、巡检与维护记录	6	4	2	1
1.1.7	建立宾客意见收集、反馈和持续改进机制	6	4	2	1
1.2	员工素养	优	良	中	差
1.2.1	仪容仪表得体，着装统一，体现岗位特色；工服整洁、熨烫平整，鞋袜整洁一致；佩戴名牌，着装效果好	6	4	2	1
1.2.2	训练有素、业务熟练，应变能力较强，及时满足宾客合理需求	6	4	2	1
1.2.3	各部门组织严密、沟通有效，富有团队精神	6	4	2	1
	小计	60			
	实际得分：				
	得分率：（实际得分）/该项总分×100% =				
2. 前厅					
2.1	前厅服务质量				
2.1.1	总机	优	良	中	差
2.1.1.1	在正常情况下，电话铃响 10s 内应答	3	2	1	0
2.1.1.2	接电话时正确问候宾客，同时报出饭店名称，语音清晰，态度亲切	3	2	1	0
2.1.1.3	转接电话准确、及时、无差错（无人接听时，15s 后转回总机）	3	2	1	0
2.1.1.4	熟练掌握岗位英语或岗位专业用语	3	2	1	0
2.1.2	预订	优	良	中	差

（续上表）

2.1.2.1	及时接听电话，确认宾客抵离时间，语音清晰，态度亲切	3	2	1	0
2.1.2.2	熟悉饭店各项产品，正确描述房型差异，说明房价及所含内容	3	2	1	0
2.1.2.3	提供预订号码或预订姓名，询问宾客联系方式	3	2	1	0
2.1.2.4	说明饭店入住的有关规定，通话结束前重复确认预订的所有细节，并向宾客致谢	3	2	1	0
2.1.2.5	实时网络预订，界面友好，及时确认	3	2	1	0
2.1.3	入住登记	优	良	中	差
2.1.3.1	主动、友好地问候宾客，热情接待	3	2	1	0
2.1.3.2	与宾客确认离店日期，对话中用姓氏称呼宾客	3	2	1	0
2.1.3.3	询问宾客是否需要贵重物品寄存服务，并解释相关规定	3	2	1	0
2.1.3.4	登记验证、信息上传效率高、准确无差错	3	2	1	0
2.1.3.5	指示客房或电梯方向，或招呼行李员为宾客服务，祝愿宾客入住愉快	3	2	1	0
2.1.4	行李服务	优	良	中	差
2.1.4.1	正常情况下，有行李服务人员在门口热情友好地问候宾客	3	2	1	0
2.1.4.2	为宾客拉开车门或指引宾客进入饭店	3	2	1	0
2.1.4.3	帮助宾客搬运行李，确认行李件数，轻拿轻放，勤快主动	3	2	1	0
2.1.4.4	及时将行李送入房间，礼貌友好地问候宾客，将行李放在行李架或行李柜上，并向宾客致意	3	2	1	0
2.1.4.5	离店时及时收取行李，协助宾客将行李放入车辆中，并与宾客确认行李件数	3	2	1	0
2.1.5	礼宾、问讯服务	优	良	中	差
2.1.5.1	热情友好，乐于助人，及时响应宾客合理需求	3	2	1	0
2.1.5.2	熟悉饭店各项产品，包括客房、餐饮、娱乐等信息	3	2	1	0
2.1.5.3	熟悉饭店周边环境，包括当地特色商品、旅游景点、购物中心、文化设施、餐饮设施等信息；协助安排出租车	3	2	1	0
2.1.5.4	委托代办业务效率高，准确无差错	3	2	1	0
2.1.6	叫醒服务	优	良	中	差
2.1.6.1	重复宾客的要求，确保信息准确	3	2	1	0
2.1.6.2	有第二遍叫醒，准确、有效地叫醒宾客，人工叫醒电话正确问候宾客	3	2	1	0
2.1.7	结账	优	良	中	差
2.1.7.1	确认宾客的所有消费，提供总账单，条目清晰、正确完整	3	2	1	0
2.1.7.2	效率高，准确无差错	3	2	1	0
2.1.7.3	征求宾客意见，向宾客致谢并邀请宾客再次光临	3	2	1	0

（续上表）

2.2	前厅维护保养与清洁卫生	优	良	中	差
2.2.1	地面：完整，无破损、无变色、无变形、无污渍、无异味、清洁、光亮	3	2	1	0
2.2.2	门窗：无破损、无变形、无划痕、无灰尘	3	2	1	0
2.2.3	天花（包括空调排风口）：无破损、无裂痕、无脱落，无灰尘、无水迹、无蛛网，无污渍	3	2	1	0
2.2.4	墙面（柱）：平整，无破损、无开裂、无脱落、无污渍、无蛛网	3	2	1	0
2.2.5	电梯：平稳、有效、无障碍、无划痕、无脱落、无灰尘、无污渍	3	2	1	0
2.2.6	家具：稳固、完好，与整体装饰风格相匹配。无变形、无破损、无烫痕、无脱漆、无灰尘、无污渍	3	2	1	0
2.2.7	灯具：完好、有效，与整体装饰风格相匹配。无灰尘、无污渍	3	2	1	0
2.2.8	盆景、花木、艺术品：无枯枝败叶、修剪效果好，无灰尘、无异味、无昆虫，与整体装饰风格相匹配	3	2	1	0
2.2.9	总台及各种设备（贵重物品保险箱、电话、宣传册及册架、垃圾桶、伞架、行李车、指示标志等）：有效、无破损；无污渍、无灰尘	3	2	1	0
	小计	111			
	实际得分：				
	得分率：（实际得分）/该项总分×100% =				
3. 客房					
3.1	客房服务质量				
3.1.1	整理客房服务	优	良	中	差
3.1.1.1	正常情况下，每天14时前清扫客房完毕。如遇“请勿打扰”标志，按相关程序进行处理	3	2	1	0
3.1.1.2	客房与卫生间清扫整洁、无毛发、无灰尘、无污渍	3	2	1	0
3.1.1.3	所有物品已放回原处，所有客用品补充齐全	3	2	1	0
3.1.1.4	应宾客要求更换床单、被套、毛巾、浴巾等	3	2	1	0
3.1.2	开夜床服务	优	良	中	差
3.1.2.1	正常情况下，每天17时到21时提供开夜床服务；如遇“请勿打扰”标志，按相关程序进行处理	3	2	1	0
3.1.2.2	客房与卫生间清扫整洁、无毛发、无灰尘、无污渍	3	2	1	0
3.1.2.3	所有物品已整理整齐，所有客用品补充齐全	3	2	1	0
3.1.2.4	床头灯处于打开状态，遮光窗帘已充分闭合	3	2	1	0
3.1.2.5	床边垫巾和拖鞋放置到位，电视遥控器、洗衣袋等放置方便宾客取用	3	2	1	0

（续上表）

3.1.2.6	床头放置晚安卡或致意品	3	2	1	0
3.1.3	洗衣服务	优	良	中	差
3.1.3.1	洗衣单上明确相关信息（服务时间、价格、服务电话、送回方式等），配备饭店专用环保洗衣袋	3	2	1	0
3.1.3.2	应宾客要求，及时收集待洗衣物，并仔细检查	3	2	1	0
3.1.3.3	在规定时间内送还衣物，包装、悬挂整齐	3	2	1	0
3.1.3.4	所有的衣物已被正确洗涤、熨烫，如果污渍不能被清除，书面告知宾客	3	2	1	0
3.1.4	微型酒吧	优	良	中	差
3.1.4.1	小冰箱运行状态良好，无明显噪音，清洁无异味	3	2	1	0
3.1.4.2	提供微型酒吧价目表，价目表上的食品、酒水与实际提供的相一致	3	2	1	0
3.1.4.3	食品、酒水摆放整齐，且标签朝外，均在保质期之内	3	2	1	0
3.1.4.4	及时补充微型酒吧上被耗用的物品，应要求及时供应冰块和饮用水	3	2	1	0
3.2	客房维护保养与清洁卫生	优	良	中	差
3.2.1	房门：完好、有效、自动闭合，无破损、无灰尘、无污渍	3	2	1	0
3.2.2	地面：完整，无破损、无变色、无变形、无污渍、无异味	3	2	1	0
3.2.3	窗户、窗帘：玻璃明亮，无破损、无污渍、无脱落、无灰尘	3	2	1	0
3.2.4	墙面：无破损、无裂痕、无脱落、无灰尘、无水迹、无蛛网	3	2	1	0
3.2.5	天花（包括空调排风口）：无破损、无裂痕、无脱落、无灰尘、无水迹、无蛛网、无污渍	3	2	1	0
3.2.6	家具：稳固、完好，无变形、无破损、无烫痕、无脱漆、无灰尘、无污渍	3	2	1	0
3.2.7	灯具：完好、有效，无灰尘、无污渍	3	2	1	0
3.2.8	布草（床单、枕头、被子、毛毯、浴衣等）：配置规范、清洁，无灰尘、无毛发、无污渍	3	2	1	0
3.2.9	电器及插座（电视、电话、冰箱等）：完好、有效、安全，无灰尘、无污渍	3	2	1	0
3.2.10	客房内印刷品（服务指南、电视节目单、安全出口指示图等）：规范、完好、方便取用，字迹图案清晰，无皱折、无涂抹、无灰尘、无污渍	3	2	1	0
3.2.11	绿色植物、艺术品：与整体氛围相协调、完整，无褪色、无脱落、无灰尘、无污渍	3	2	1	0
3.2.12	床头（控制）柜：完好、有效、安全，无灰尘、无污渍	3	2	1	0
3.2.13	贵重物品保险箱：方便使用，完好有效，无灰尘、无污渍	3	2	1	0

（续上表）

3.2.14	客房电话机：完好、有效，无灰尘、无污渍，旁边有便笺和笔	3	2	1	0
3.2.15	卫生间门、锁：安全、有效，无破损、无灰尘、无污渍	3	2	1	0
3.2.16	卫生间地面：平坦，无破损、无灰尘、无污渍，排水畅通	3	2	1	0
3.2.17	卫生间墙壁：平整，无破损、无脱落、无灰尘、无污渍	3	2	1	0
3.2.18	卫生间天花：无破损、无裂痕、无脱落、无灰尘、无水迹、无蛛网、无污渍	3	2	1	0
3.2.19	面盆、浴缸、淋浴区：洁净，无毛发、无灰尘、无污渍	3	2	1	0
3.2.20	水龙头、淋浴喷头等五金件：无污渍、无滴漏，擦拭光亮	3	2	1	0
3.2.21	恭桶：洁净、无堵塞、噪音低	3	2	1	0
3.2.22	下水：通畅，无明显噪音	3	2	1	0
3.2.23	排风系统：完好，运行时无明显噪音	3	2	1	0
3.2.24	客用品（毛巾、口杯等）：摆放规范、方便使用，完好，无灰尘、无污渍	3	2	1	0
	小计	126			
	实际得分：				
	得分率：（实际得分）/该项总分 ×100% =				
4. 餐饮					
4.1	餐饮服务质量				
4.1.1	自助早餐服务	优	良	中	差
4.1.1.1	在宾客抵达餐厅后，及时接待并引座。正常情况下，宾客就座的餐桌已经布置完毕	3	2	1	0
4.1.1.2	在宾客入座后及时提供咖啡或茶	3	2	1	0
4.1.1.3	所有自助餐食及时补充，适温、适量	3	2	1	0
4.1.1.4	食品和饮品均正确标记说明。标记牌洁净统一	3	2	1	0
4.1.1.5	提供加热过的盘子取用热食。厨师能够提供即时加工服务	3	2	1	0
4.1.1.6	咖啡或茶应宾客要求及时添加，适时更换烟灰缸	3	2	1	0
4.1.1.7	宾客用餐结束后，及时收拾餐具，结账效率高、准确无差错。宾客离开餐厅时，向宾客致谢	3	2	1	0
4.1.1.8	自助早餐食品质量评价	3	2	1	0
4.1.2	正餐服务	优	良	中	差
4.1.2.1	在营业时间，及时接听电话，重复并确认所有预订细节	3	2	1	0
4.1.2.2	在宾客抵达餐厅后，及时接待并引座。正常情况下，宾客就座的餐桌已经布置完毕	3	2	1	0

（续上表）

4.1.2.3	提供菜单和酒水单，熟悉菜品知识，主动推荐特色菜肴，点单时与宾客保持目光交流	3	2	1	0
4.1.2.4	点菜单信息完整（如烹调方法、搭配等），点单完毕后与宾客确认点单内容	3	2	1	0
4.1.2.5	点单完成后，及时上酒水及冷盘（头盘），根据需要适时上热菜（主菜），上菜时主动介绍菜名	3	2	1	0
4.1.2.6	根据不同菜式要求及时更换、调整餐具，确认宾客需要的各种调料，提醒宾客小心餐盘烫手；西餐时，主动提供面包、黄油	3	2	1	0
4.1.2.7	向宾客展示酒瓶，在宾客面前打开酒瓶；西餐时，倒少量酒让主人鉴酒	3	2	1	0
4.1.2.8	红葡萄酒应是常温，白葡萄酒应是冰镇。操作玻璃器皿时，应握杯颈或杯底	3	2	1	0
4.1.2.9	宾客用餐结束后，结账效率高、准确无差错，主动征询宾客意见并致谢	3	2	1	0
4.1.2.10	正餐食品质量评价	3	2	1	0
4.1.3	酒吧服务（大堂吧、茶室）	优	良	中	差
4.1.3.1	宾客到达后，及时接待，热情友好。提供酒水单，熟悉酒水知识，主动推荐，点单时与宾客保持目光交流	3	2	1	0
4.1.3.2	点单后，使用托盘及时上齐酒水，使用杯垫，主动提供佐酒小吃	3	2	1	0
4.1.3.3	提供的酒水与点单一致，玻璃器皿与饮料合理搭配，各种酒具光亮、洁净、无裂痕、无破损，饮品温度合理	3	2	1	0
4.1.3.4	结账效率高、准确无差错；向宾客致谢	3	2	1	0
4.1.4	送餐服务	优	良	中	差
4.1.4.1	正常情况下，及时接听订餐电话，熟悉送餐菜单内容，重复和确认预订的所有细节，主动告知预计送餐时间	3	2	1	0
4.1.4.2	正常情况下，送餐的标准时间为：事先填写好的早餐卡：预订时间5min内；临时订早餐：25min内；小吃：25min内；中餐或晚餐：40min内	3	2	1	0
4.1.4.3	送餐时按门铃或轻轻敲门（未经宾客许可，不得进入客房）；礼貌友好地问候宾客；征询宾客托盘或手推车放于何处，为宾客摆台、倒酒水、介绍各种调料	3	2	1	0
4.1.4.4	送餐推车保持清洁，保养良好。推车上桌布清洁，熨烫平整。饮料、食品均盖有防护用具	3	2	1	0

（续上表）

4.1.4.5	送餐推车上摆放鲜花瓶。口布清洁、熨烫平整、无污渍。盐瓶、胡椒瓶及其他调味品盛器洁净、装满	3	2	1	0
4.1.4.6	送餐完毕，告知餐具回收程序（如果提供回收卡，视同已告知），向宾客致意，祝愿宾客用餐愉快	3	2	1	0
4.1.4.7	送餐服务食品质量评价	3	2	1	0
4.2	餐饮区域维护保养与清洁卫生	优	良	中	差
4.2.1	餐台（包括自助餐台）：稳固、美观、整洁	3	2	1	0
4.2.2	地面：完整，无破损、无变色、无变形、无污渍、无异味	3	2	1	0
4.2.3	门窗及窗帘：玻璃明亮，无破损、无变形、无划痕、无灰尘	3	2	1	0
4.2.4	墙面：平整，无破损、无裂痕、无脱落、无灰尘、无水迹、无蛛网	3	2	1	0
4.2.5	天花（包括空调排风口）：平整，无破损、无裂痕、无脱落、无灰尘、无水迹、无蛛网	3	2	1	0
4.2.6	家具：稳固、完好，无变形、无破损、无烫痕、无脱漆、无灰尘、无污染	3	2	1	0
4.2.7	灯具：完好、有效，无灰尘、无污渍	3	2	1	0
4.2.8	盆景、花木：无枯枝败叶、修剪效果好，无灰尘、无异味、无昆虫	3	2	1	0
4.2.9	艺术品：有品位、完整，无褪色、无灰尘、无污渍	3	2	1	0
4.2.10	客用品（包括台布、餐巾、面巾、餐具、烟灰缸等）：方便使用，完好，无破损、无灰尘、无污渍	3	2	1	0
	小计	117			
	实际得分：				
	得分率：（实际得分）/该项总分×100% =				
5. 其他服务项目					
5.1	会议、宴会	优	良	中	差
5.1.1	提供多种厅房布置方案，并有详细文字说明	3	2	1	0
5.1.2	各种厅房的名称标牌位于厅房显著位置，到厅房的方向指示标识内容清晰，易于理解	3	2	1	0
5.1.3	各厅房的灯光、空调可独立调控	3	2	1	0
5.1.4	有窗户的厅房配备窗帘，遮光效果好	3	2	1	0
5.1.5	厅房之间有良好的隔音效果，互不干扰	3	2	1	0
5.1.6	台布、台呢整洁平整，完好，无灰尘、无污渍	3	2	1	0
5.1.7	音响、照明、投影等设施提前调试好，功能正常	3	2	1	0
5.1.8	会议期间及时续水，响应宾客需求	3	2	1	0

（续上表）

5.1.9	会议休息期间，摆正椅子，整理台面，清理垃圾	3	2	1	0
5.2	健身房	优	良	中	差
5.2.1	营业时间不少于12h，热情问候、接待	3	2	1	0
5.2.2	提供毛巾及更衣柜钥匙。有安全提示，提醒宾客保管贵重物品	3	2	1	0
5.2.3	温度合理、清洁卫生、感觉舒适、无异味	3	2	1	0
5.2.4	健身器械保养良好、易于操作，并配有注意事项，必要时向宾客讲解器械操作指南	3	2	1	0
5.2.5	照明、音像设施运行正常，照明充足、音质良好。备有饮水机与水杯	3	2	1	0
5.3	游泳池	优	良	中	差
5.3.1	水深标记及安全提示清晰、醒目（在显眼处张贴当地安全法规，要在游泳池边上能清楚地看见游泳池深度标志）	3	2	1	0
5.3.2	游泳池周边保持清洁卫生、照明充足	3	2	1	0
5.3.3	水温适当，室内游泳池水温不低于25℃，水质洁净、无混浊	3	2	1	0
5.3.4	配备专职救生人员及相应救生设施	3	2	1	0
5.3.5	提供数量充足的躺椅，且位置摆放合理，保养良好。室外游泳池提供数量充足的遮阳伞，且保养良好	3	2	1	0
5.3.6	提供毛巾，并及时更换宾客用过的毛巾。应宾客要求提供饮品	3	2	1	0
5.4	更衣室	优	良	中	差
5.4.1	天花、墙面、地面保养良好，保持清洁，无破损、无脱落、无开裂、无污渍	3	2	1	0
5.4.2	通风良好、照明合理，更衣柜保持清洁，保养良好	3	2	1	0
5.4.3	淋浴间保持洁净，布置合理，方便使用，沐浴用品保持充足	3	2	1	0
5.4.4	提供洁净的毛巾，洗涤篮保持在未满状态	3	2	1	0
5.5	商务中心、商店、休闲娱乐项目	优	良	中	差
5.5.1	商务中心应明示各项服务收费规定，员工业务熟练、效率高、质量好	3	2	1	0
5.5.2	商品部商品陈列美观、明码标价、质量可靠、包装精美，与饭店整体氛围相协调，结账效率高，准确无差错	3	2	1	0
5.5.3	休闲娱乐设施完好、有效、安全，无灰尘、无污渍、无异味	3	2	1	0
5.5.4	休闲娱乐项目热情接待、服务周到，外包项目管理规范	3	2	1	0
	小计	84			
	实际得分：	分			
	得分率：（实际得分）/该项总分×100% =	%			
6. 公共、后台区域					

（续上表）

6.1	周围环境	优	良	中	差
6.1.1	庭院（花园）完好，花木修剪整齐，保持清洁	3	2	1	0
6.1.2	停车场、回车线标线清晰，车道保持畅通	3	2	1	0
6.1.3	店标（旗帜）、艺术品等保养良好，无破损、无污渍	3	2	1	0
6.2	楼梯、走廊、电梯厅	优	良	中	差
6.2.1	地面：完整，无破损、无变色、无变形、无污渍、无异味	3	2	1	0
6.2.2	墙面：平整，无破损、无裂痕、无脱落，无污渍、无水迹、无蛛网	3	2	1	0
6.2.3	天花（包括空调排风口）：平整，无破损、无裂痕、无脱落、无灰尘、无水迹、无蛛网	3	2	1	0
6.2.4	灯具、装饰物：保养良好，无灰尘、无破损	3	2	1	0
6.2.5	家具：洁净、保养良好，无灰尘、无污渍	3	2	1	0
6.2.6	紧急出口与消防设施：标识清晰，安全通道保持畅通	3	2	1	0
6.2.7	公用电话机：完好、有效、清洁	3	2	1	0
6.2.8	垃圾桶：完好、清洁	3	2	1	0
6.3	公共卫生间	优	良	中	差
6.3.1	地面：完整，无破损、无变色、无变形、无污渍、无异味、光亮	3	2	1	0
6.3.2	墙面：平整，无破损、无裂痕、无脱落、无灰尘、无水迹、无蛛网	3	2	1	0
6.3.3	天花（包括空调排风口）：平整，无破损、无裂痕、无脱落、无灰尘、无水迹、无蛛网	3	2	1	0
6.3.4	照明充足，温、湿度适宜，通风良好	3	2	1	0
6.3.5	洗手台、恭桶、小便池保持洁净，保养良好，无堵塞、无滴漏	3	2	1	0
6.3.6	梳妆镜完好、无磨损，玻璃明亮，无灰尘、无污渍	3	2	1	0
6.3.7	洗手液、擦手纸充足，干手器完好、有效，方便使用，厕位门锁、挂钩完好、有效	3	2	1	0
6.3.8	残疾人厕位（或专用卫生间）：位置合理，空间适宜，方便使用	3	2	1	0
6.4	后台区域	优	良	中	差
6.4.1	通往后台区域的标识清晰、规范，各区域有完备的门锁管理制度	3	2	1	0
6.4.2	后台区域各通道保持畅通，无杂物堆积	3	2	1	0
6.4.3	地面：无油污、无积水、无杂物，整洁	3	2	1	0
6.4.4	天花（包括空调排风口）：无破损、无裂痕、无脱落、无灰尘、无水迹、无蛛网	3	2	1	0
6.4.5	墙面：平整，无破损、无开裂、无脱落、无污渍、无蛛网	3	2	1	0
6.4.6	各项设备维护保养良好，运行正常，无“跑、冒、滴、漏”现象	3	2	1	0

（续上表）

6.4.7	在醒目位置张贴有关安全、卫生的须知	3	2	1	0
6.4.8	餐具的清洗、消毒、存放符合卫生标准要求，无灰尘、无水渍	3	2	1	0
6.4.9	食品的加工与贮藏严格做到生、熟分开，操作规范	3	2	1	0
6.4.10	有防鼠、蟑螂、蝇类、蚊虫的装置与措施，完好有效	3	2	1	0
6.4.11	各类库房温度、湿度适宜，照明、通风设施、完备有效，整洁卫生	3	2	1	0
6.4.12	下水道无堵塞、无油污，保持畅通无阻	3	2	1	0
6.4.13	排烟与通风设备无油污、无灰尘，定期清理	3	2	1	0
6.4.14	垃圾分类收集，日产日清，垃圾房周围保持整洁，无保洁死角	3	2	1	0
6.4.15	员工设施（宿舍、食堂、浴室、更衣室、培训室等）管理规范，设施、设备保养良好、整洁卫生	3	2	1	0
	小计	102			
	实际得分：	分			
	得分率：（实际得分）/该项总分×100% =	%			
	总分	600			
	实际总得分	分			
	总得分率	%			

附录二　酒店英语 100 句

1. Good morning.
   早上好!
2. Good afternoon.
   下午好!
3. Good evening.
   晚上好!
4. Good night.
   晚安!
5. How are you?
   你好吗?
6. Fine, thank you.
   很好，谢谢。
7. Welcome to the Garden Hotel.
   欢迎光临花园酒店。
8. Nice to meet you.
   很高兴见到您。
9. May I know your name?
   请问您贵姓?
10. My name is Wang/Zhang...
    我姓王/张……
11. This is Mr. Wang.
    这位是王先生。
12. May I know your room number?
    请问您的房门号码是多少?
13. Congratulations!
    祝贺您! 恭喜您!
14. Happy New Year!
    新年快乐!
15. Merry Christmas!
    圣诞快乐!

16. Happy Birthday!
生日快乐!
17. Have a nice day.
祝您今天愉快!
18. Have a nice stay at our hotel.
祝您住得愉快!
19. Have a nice trip.
祝您旅途愉快!
20. Have a safe trip home.
祝您一路平安!
21. I'm glad to hear that.
听到这件事，我很高兴。
22. Thank you.
谢谢。
23. You're welcome.
不用谢。
24. It's very kind of you, thank you.
您真好，谢谢。
25. I'm sorry.
对不起。
26. I'm sorry to have kept you waiting.
很抱歉让您久等。
27. It doesn't matter.
没关系。
28. Excuse me.
对不起，打扰了。
29. Excuse me for interrupting.
很抱歉打扰您了。
30. Sorry to have bothered you.
对不起打扰您了。
31. I'm going to excuse myself.
我失陪了。
32. I'm being called away.
有人叫我了。
33. I'll be with you in a moment.
我很快就来。
34. May I help you?
我可以帮您吗?

35. I'll take care of everything.
我会照料好一切。
36. Is everything all right, madam?
小姐，一切都好吗?
37. Would you like something to drink?
您想喝些什么?
38. Yes, I'd like a glass of water. / No, thank you.
我要一杯水。/不用了，谢谢。
39. Would you like a cup of tea?
您喝茶吗?
40. Yes, please. /No, thank you.
好的。/不用了，谢谢。
41. Just a moment, please.
请稍等。
42. Come in, please.
请进。
43. Please take a seat.
请坐。
44. Please follow me.
请跟我来。
45. Please watch your step.
请走好。
46. Please mind your head.
请小心碰到头。
47. After you.
您先走。
48. Please come this way.
请这边走。
49. Please turn right.
请向右转。
50. Please cross the lobby.
请穿过大堂。
51. Please go straight ahead.
请向前一直走。
52. The restaurant is on the third floor.
餐厅就在三楼。
53. I'm very glad to be of service.
我很高兴能为您服务。

54. Please call me if you need anything.
如果您有什么需要，请打电话给我。
55. Please take your time.
请慢慢来。
56. There is no hurry.
不用着急。
57. Please take the lift/escalator up.
请坐电梯上去。
58. Please take the lift down.
请坐电梯下去。
59. The lift is over there.
电梯在那边。
60. The Coffee Shop is next to the Cake Shop.
咖啡厅就在饼屋的旁边。
61. I beg your pardon.
请您再说一遍。
62. Could you speak slowly, please?
请您说慢点。
63. I'm sorry I don't understand.
对不起，我不明白。
64. Would you mind waiting a little longer, sir?
先生，您介意再等一会儿吗？
65. It's open from 7：00a. m. to 1：00 a. m..
它的营业时间从早上7：00到凌晨1：00。
66. What time is it now?
现在几点钟？
67. It's 9 o'clock.
现在9：00。
68. May I suggest you to try the Guangdong snacks in Lai Wan Market, madam?
我建议您去荔湾亭品尝一下广东小吃。
69. Lai Wan Market is on the second floor.
荔湾亭在二楼。
70. Please go over there and up the stairs.
请在那儿上楼。
71. The business center closes at 11：00 p. m..
商务中心在晚上11：00关门。
72. The Friendship Store is just across the road.
友谊商店就在马路对面。

73. Are you satisfied with our service, sir?
先生，您对我们的服务满意吗？
74. I'm happy everything was to your satisfaction.
我很高兴能让您满意。
75. That's a good idea.
好主意。
76. That's for sure.
我赞成。
77. Good morning. General Manager's office. May I help you?
早上好。总经理办公室，有什么能为您效劳？
78. May I speak to Mr. Smith?
我想找史密斯先生？
79. I'm sorry. He is not in the office at present.
对不起，他现在不在办公室。
80. Please call before you come, otherwise he might not be in the office.
您来之前请先打个电话，否则他可能不在办公室。
81. Would you like to leave a message for him?
您要给他留言吗？
82. Would you please tell Mr. Cooper I called?
请您告诉库柏先生，说我给他打过电话，好吗？
83. Would you like to call again later?
您过一会儿打来好吗？
84. He is having a meeting.
他正在开会。
85. Thank you for calling, sir.
谢谢您打电话来。
86. Thank you for telling me, sir.
谢谢您告诉我，先生。
87. I assure you it won't happen again.
我向您保证以后不会再发生这样的事情。
88. Please accept our apology.
请接受我们的歉意。
89. I'll look into the matter at once.
我马上去调查此事。
90. I'll check it at once.
我马上核对一下。
91. Is there any problem, sir?
有问题吗，先生？

92. I'm very sorry about this.
对于此事我感到非常抱歉。
93. There could have been some mistakes.
可能出了差错。
94. I'll get my manager to take care of your case.
我会让经理处理您这件事。
95. May I come in and have a look at the air conditioner?
我可以进来查看一下空调机吗?
96. I'm very sorry for the inconvenience caused to you.
给您造成不便，很抱歉。
97. I do hope you understand.
我希望您能明白。
98. Thank you for coming.
谢谢您的光临。
99. We look forward to serving you again.
我们期待能再次为您服务。
100. We hope you enjoyed staying with us.
希望您在酒店住得愉快。

附录三　客房英语 100 句及客房术语等

1. Welcome to the Green Hotel.
欢迎光临格林酒店。
2. May I help you?
有什么可以效劳吗?
3. Just a moment, please.
请稍等。
4. I'll check that for you.
我替您查查看。
5. May I have your room number, please?
请问您的房号是多少?
6. May I help you with your luggage?
我替您拿行李吧?
7. Would you like to come this way, please?
这边请。
8. Here we are.
我们到了。
9. May I put it here?
放在这好吗?
10. May I take it away?
这个可以拿走吗?
11. Please be seated for a moment.
请就座休息。
12. Please have some tea.
请用茶。
13. I'll be leaving now.
我先走了。
14. Excuse me.
打扰了。
15. Certainly/Sure.
好的/当然可以。

16. I beg your pardon.
请您重复一遍好吗？
17. Have a good sleep/pleasant evening.
祝您睡个好觉/有个愉快的晚上。
18. We hope you enjoy your stay with us.
希望您在这里住得愉快。
19. If you don't want to be disturbed please put this（DND）sign on the doorknob.
假如您不想被打扰，请把这牌子（请勿打扰）挂在门把上。
20. I'm sorry to disturb you.
对不起打扰您了。
21. May I come in please?
请问我可以进来吗？
22. May I make up the room now?
我可以现在收拾房间吗？
23. I have finished making up your room.
我已经收拾好房间了。
24. Everything will be ready when you come back.
您回来的时候一切都会准备好。
25. What time would it be convenient?
您什么时候方便呢？
26. What time would you like us to come back?
您希望我们什么时候再来？
27. The overnight attendants will take care of it.
夜班服务员会跟办的。
28. May I turn down your bed for you now?
现在可以替您开床吗？
29. Would you like me to draw the curtains for you?
要我帮您拉上窗帘吗？
30. How is the room temperature?
房间的温度合适吗？
31. I'm afraid the windows are sealed for safety reasons.
因为安全理由，窗户是密封的。
32. If there is anything we can do for you just feel free to call us at extension 888.
如果有什么需要，请随时打电话给我们，内线888。
33. Is there anything I can do for you?
还有什么可以为您效劳？
34. We're always at your service.
我们随时为您服务。

35. Could I show you how to use it?
我给您示范怎么用，好吗?
36. The writing paper is in the drawer of the desk.
信纸在书桌的抽屉里。
37. I'll go and get it/some right away.
我立刻替您拿来。
38. I'll be back soon.
我马上回来。
39. I'm very glad to be of service.
很高兴能为您效劳。
40. It's my pleasure.
很乐意为您效劳。
41. You're welcome.
不用客气。
42. Our room attendant will be up in a minute.
我们的服务员马上来。
43. We'll send someone up for your laundry.
我们派人来收集您的衣物。
44. Any laundry, sir?
先生，有衣服要洗吗?
45. Here's rate chart for your reference.
这里有张收费表请您过目。
46. Could you please fill in the laundry list?
请您填写这份洗衣单。
47. I'll send it back to you on time/tomorrow morning.
我会按时/明早送回。
48. Is there any special care needed?
有什么需要特别照顾到的吗?
49. I'm afraid it's too late for today's laundry.
恐怕今天来不及洗了。
50. May I suggest you to use the express service?
我建议你选快洗服务。
51. There is an extra charge of 50% for express service.
快洗要加收50%的费用。
52. It'll be ready by 5：00 this afternoon.
今天下午5点前会准备好。
53. Would you sign here, please?
请在这签名。

54. We will do our best.
我们会尽力/尽量想办法。
55. I'm afraid we cannot guarantee it.
恐怕不能向您保证。
56. Have you called for service?
请问是您打电话要求服务吗?
57. There seems to be something wrong with the toilet.
厕所似乎坏了。
58. May I have a look at it?
让我看看好吗?
59. I'll try to fix it.
我试一下修理。
60. I'll call the engineering department at once.
我会立即通知工程部。
61. It'll be repaired in a few minutes.
很快会修好的。
62. Where did you lose it?
您在哪里遗失的呢?
63. I'll try the Lost and Found for you.
我替您查询一下失物招领处。
64. Here is a letter for you.
这是您的信。
65. We offer a baby-sitting/translation/secretary service.
我们提供托儿/翻译/秘书服务。
66. We will send a baby-sitter to your room at the appointed time.
我们会按时派保姆入房。
67. The service fee is 45 yuan per hour, for a minimum of 4 hours.
收费每小时人民币 45 元，4 小时起计。
68. Please dial 0 for the operator.
总机请拨 0。
69. Please dial 9 first for outside calls.
外线请先拨 9。
70. We're sorry to hear you're not well today.
听说您身体不适，我们感到不安。
71. Do you fell better now?
你现在好点了吗?
72. Don't worry about that.
别担心。

73. Everything will be all right.
一切都会好起来的。
74. Please let me remind you to take the medicine on time.
请谨记准时服药。
75. I'll bring you a pot of hot water right away.
我现在替您拿一瓶开水来。
76. Shall I send for a doctor, or would you like me to go to the clinic with you?
我是请医生来，还是陪您去看医生呢？
77. There is a clinic on the 4th floor.
医疗室在四楼。
78. I hope you will be all right soon.
祝您早日康复。
79. Please take the lift up/down to the 4th floor.
请坐电梯上/下四楼。
80. It's on your right/left hand side.
在您的右/左手边。
81. It's next to the wooden staircase.
就在木旋梯旁边。
82. It's at the end of the corridor.
在走廊的尽头。
83. It's open from 7a. m. to 11p. m. .
营业时间是早上 7 时到晚上 11 时。
84. I'm glad/sorry to hear that.
我替您高兴/难过。
85. I'm terribly sorry.
非常抱歉。
86. Is there anything wrong?
出了什么问题吗？
87. There could have been some mistakes/misunderstanding.
可能是弄错了/有点误会。
88. We'll take this into consideration.
我们会考虑这点的。
89. I'll get our supervisor immediately.
我立刻让主管来。
90. We'll report this to our supervisor.
我们会将这事报告主管的。
91. We'll look into the matter at once.
我们会马上查清楚这件事。

92. We do apologize for the inconvenience caused.
很抱歉给您带来不便。
93. Please accept our apology.
请接受我们的道歉。
94. We will pay for the damage.
酒店会赔偿您的损失。
95. I'm afraid it's against the hotel rules.
这恐怕违反酒店规定。
96. I'm afraid we don't have this kind of service.
抱歉我们没有这项服务。
97. Please be sure not to leave anything behind.
请不要遗留任何物品。
98. Are you satisfied with our service?
您对我们的服务满意吗?
99. Would you please put forward some opinions or suggestions?
您可以提些意见或建议吗?
100. We look forward to seeing you again.
期待能再次见到您。

客房术语

Occupied	(OCC)	住客房
Vacant	(V)	空房
Check-Out	(C/O)	走客房
Check-In	(C/I)	入住
Expect Departure	(E/D)	预退房
Do Not Disturb	(DND)	请勿打扰
Sleep Out	(S/O)	外宿
Make Up Room	(MUR)	请即打扫房
No Baggage	(N/B)	无行李
Light Baggage	(L/B)	轻量行李
No Need Service	(NNS)	不用打扫
House Use	(HU)	自用房
Long Staying Guest	(LSG)	长住房
Out Of Order	(OOO)	维修房
Vacant Clean	(VC)	已清扫房
Vacant Dirty	(VD)	未清扫房
Very Important Person	(VIP)	贵宾房

酒店各部门名称

Food & Beverage	饮食部
Room Division	房务部
Housekeeping	客房部
Laundry	洗衣房
Linen & Uniforms	布草房
Business Center	商务中心
Health Club	健康中心
Sales & Marketing	营业部
Property Management	物业部
Controller	财务部
Engineering	工程部
Security	保安部
Clinic	医疗室
Personnel & Training	人事及培训部
Purchasing & Shopping Arcade	商场采购部
Executive Office	行政办公室
General Manager	总经理
Deputy General Manager	副总经理
Director/Manager	总监/经理
Reception	接待处
Concierge	礼宾部
Assistant Manager	大堂副理
Ticketing Service	票务中心

房间种类

Superior Room	高级客房
Superior Suite	高级套房
Deluxe Room	豪华客房
Deluxe Suite	豪华套房
Business Room	商务客房
Business Suite	商务套房
Executive Room	行政客房
Executive Suite	行政套房
Apartment	公寓

Presidential Suite		总统套房

住客种类

Very Important Person	(VIP)	贵宾
Free Independent Traveler	(FIT)	散客
Commercial Discount	(CD)	公司客
Regular Guest		常客
Long Staying Guest	(LS)	长住客
Guide		导游
Staff		职员
Special Group	(SPG)	特别团体
Repeat Guest		回头客

床的种类

King-size Bed	特大床
Double Bed	双人床
Twin Bed/Single Bed	单人床
Rollaway/Extra Bed	加床
Sofa Bed	沙发床
Baby Cot	婴儿床

客房物品名称

脚巾	Bath Mat
浴巾	Bath Towel
面巾	Face Towel
手巾	Hand Towel
浴袍	Bath Robe
浴室地垫	Bath Rug
床护垫	Bed Pad
床单	Bed Sheet
床罩	Bed Spread
被套	Bedding Bag
遮光帘	Blind Curtain
厚帘	Heavy Curtain
纱帘	Sheet Curtain

枕头	Pillow
枕套	Pillow Case
冷气被	Quilt
淋浴间胶垫	Rubber Mat
浴帘	Shower Curtain
布洗衣袋	Laundry Bag (Cloth)
人体磅套	Body Scale Case
床尾带	Bed Salon

卫生间洁具

浴缸	Bath Tub
花洒头	Shower Head
洗手盆	Wash Basin
水龙头	Water Tap
水箱	Water Tank
坐厕板	Toilet Cover Seat
厕所	Toilet
毛巾架	Tower Rack
镜子	Mirror
浴缸胶垫	Rubber Mat

卫生间物品

厕纸	Toilet Paper
面巾纸	Facial Tissue
面巾盒	Facial Tissue Box
沐浴液	Foam Bath
护发素	Conditioner
润肤露	Body Lotion
洗头水	Shampoo
浴帽	Shower Cap
梳子	Comb
肥皂	Soap
皂碟	Soap Dish
针线包	Sewing Kit
化妆棉	Cosmetic Cotton
棉球盅	Cotton Ball Container

棉签	Cotton Sticker
牙刷	Tooth Brush
牙膏	Tooth Paste
卫生袋	Sanitary Bag
挂墙吹风筒	Wall-mounted Hair-dryer
人体磅	Body Scale
卫生间垃圾桶	Bathroom Dustbin
烟灰缸	Ashtray
须刨	Razor
植物	Plant

房间家具

衣柜	Wardrobe
保险箱	Safe Box
写字台	Writing Table
床头柜	Bed Side Table
咖啡台	Coffee Table
地毯	Carpet
天花板	Ceiling
电视柜	TV Cabinet
挂画	Picture With Frame
床	Bed
梳妆台	Dressing Table
梳妆镜	Dressing Mirror
电话	Telephone

房间物品

衣架	Hangers
走火图	Floor Plan
冰桶	Ice Bucket
冰夹	Ice Tong
烟灰缸	Ashtray
浴袍袋	Bath Robe Bag
藤鞋篮	Cane Shoes Basket
频道	Channel
中国电话本	China Phone Book

广州电话本	Guangzhou Phone Book
餐巾纸	Cocktail Napkin
餐叉	Fork
餐刀	Knife
高身水杯	High Water Glass
杯垫	Paper Coaster
茶包	Tea Bag
茶叶盅	Tea Bag Holder
茶杯	Tea Cup
茶盘	Tea Tray
酒杯	Wine Glass
酒店圆珠笔	Hotel Ball Pen
客人备忘录	Guest Memo Pad
客人意见书	Guest Questionnaire
信封	Envelope
介绍册	Brochure
传真表格	Facsimile Form
传真纸	Fax Form
文具夹	Stationary Folder
洗衣袋	Laundry Bag
洗衣单	Laundry List
行李架	Luggage Rack
地图	Map
云石笔座	Marble Pen Stand
火柴	Match
便签	Memo Pad
备忘录皮套	Memo Pad Holder
酒板藤篮	Mini Bar Basket
酒板单	Mini Bar Voucher
酒板架	Mini Bar Wooden Tray
调酒棒	Stirrer
指甲钳	Nail Clipper
行李贴	Sticker
灯罩	Lamp Shade
圆形垃圾桶	Round Dustbin
防盗扣	Safety Latch
擦鞋纸	Shoe Shine Cloth
擦鞋器	Shoe Sponge

鞋拔	Shoe Horn
烟感器	Smoke Detector
防盗眼	Spy Hole
方形漆盘	Square Lacquer Tray
电话指南	Telephone Directories
水壶	Thermos Flask
雨伞	Umbrella
花瓶	Vase

电器类

抽湿机	Dehumidifier
空调	Air Conditioner
电视机	TV
电视遥控器	TV Remote Control
电视天线	Antenna
落地灯	Floor Lamp Shade
床头灯	Bed Side Lamp
冰箱	Refrigerator
微波炉	Microwave Oven
电热水壶	Water-Boiler
抽油烟机	Range Hood
变压器	Transformer
插座	Socket
多用插头	Adaptor
插头	Plug
熨斗	Iron
熨板	Iron Board
风筒	Hair Dryer
电灯	Electric Light
灯泡	Bulb
开关	Switch

参考文献

［1］朱小彤．客房服务与管理．北京：旅游教育出版社，2013.

［2］姜倩．客房服务（第三版）．北京：中国劳动社会保障出版社，2007.

［3］韩鹏，刘晓芬．酒店服务实训教程．北京：旅游教育出版社，2013.

［4］孙亮，赵伟丽．客房运行与管理．北京：北京大学出版社，2011.

［5］杨冬琼．酒店客房服务．广州：广东经济出版社，2013.

［6］徐文苑，贺湘辉．酒店客房管理实务（第三版）．广州：广东经济出版社，2011.

［7］杨小鹏．白天鹅宾馆管理实务（第三版）．广州：广东旅游出版社，1997.

［8］广东省旅游局．旅游饭店星级的划分与评定（GB/T 14308－2010）．http：//www.gdta.gov.cn/.